導入5分が授業を決める！

「準備運動」絶対成功の指導BOOK

関西体育授業研究会 著

領域分野別に選べる準備運動を168点収録

明治図書

はじめに

　体育の授業のスタート。
　「1，2，3，4」「5，6，7，8！」子どもたちの準備運動のかけ声が運動場に響き渡ります。よくある体育の一コマです。
　しかし，先生が準備するための時間つぶし。特に何の準備にもなっていない運動。楽しさも喜びもない淡々と続く運動……。
　そんな時間になってしまってはいないでしょうか。それでは，あまりに勿体無い。
　45分のうちの貴重な5分。これから始まる45分の体育のために意味のある5分にしたいものです。

　では，その意味をもたせるために何が必要なのでしょう。
　3つのつながりがイメージされます。
　1つ目は，主となる活動と身体的につなげること。
　2つ目は，主となる活動と思考的につなげること。
　3つ目は，仲間同士がつながること。
　以上の3つを有する準備運動を続けることで，意味のある5分間から授業がスタートします。

　本書では，3つのつながりから構想された準備運動を各領域に分けて紹介しています。また，学級活動のときなどに使える運動も併せて紹介しています。授業がスタートした最初の5分から，これから始まる45分に，期待で胸をふくらませる子どもたちの笑顔で溢れる授業になることを願っています。本書がその一助となれば幸いです。

関西体育授業研究会
垣内　幸太

contents

はじめに 2

第1章 45分の授業を成功させる！効果的な「準備運動」 5

1　最初の５分を有意義な時間に　教師と子どもの願いの合致 6
2　「準備運動」構想のポイント　「身体・思考・仲間」３つのつながり ... 8
3　準備運動のエッセンス　楽しい時間にするための工夫 10
コラム 準備体操？　準備運動？ 12

第2章 領域別で選べる！導入５分の「準備運動」全部紹介！ 13

1 体つくり領域 14

体つくりの授業を成功させる！導入５分の組み立て方 15

カウントダウンランニング／みんなでいっしょ！ 16　いっぱい乗ろう！／ラインおにごっこ 17
手つなぎおにごっこ／玉拾い合戦 18　フープくぐり抜け／引っ張れ！バランス崩し 19
平均台渡り／フープリレー 20　２人でいっしょにジャンプ／ツーインワン 21　トラベラー 22　しっぽ取り 23
ケンケンタッチ／竹の子ニョッキ！ 24　円で並んでだ～れだ！／シャトルスロウ 25
グーパータッチ／開閉ジャンプ 26　両足左右ジャンプ／遊具サーキット 27
背中を合わせていっしょに／二色ケンケン川渡り 28　後出し足じゃんけん／円形どんじゃん 29
色タッチダッシュ／三角おにごっこ 30

コラム 準備運動で…変わった！ 31

2 ゲーム領域 32

ゲームの授業を成功させる！導入５分の組み立て方 33

①おに遊び

オールコーン倒し／たまご落とし 34　ドリブルハイタッチ／ボールキープねことねずみ 35

②ゴール型

シンクロあんたがたどこさ／ワンバウンドとりかご 36　壁・ドン！／きーたぞ　きたぞ 37
○○キャッチ／移動パスゲーム 38　ゴールへポン！／ターゲットゲーム 39
トンネルボール／ころころターゲットゲーム 40

③ネット型

ピッタリでつなごう！／ダッシュ＆はじき 41　ハイタッチ！／はじいてGO！ 42
バウンドゲーム／メリーゴラタック！ 43　壁打ちゲーム／壁当てゲーム 44

④ベースボール型

ベースランニング　ドンじゃんけん／キャッチボール 45　球・合戦‼／スローイングゴルフ 46
バッティングキャッチボール／かっとばせゲーム 47　ボール集めゲーム 48

コラム 運動のイメージを変える 49

3 陸上領域 ... 50

陸上の授業を成功させる！導入５分の組み立て方 ... 51

バウンディング（基本編）／バウンディング（応用編）52　バウンディング（じゃんけん遊びver）／スクエアジャンプ 53
マリオJUMP 54　スキップ／リズムでシンクロスキップ 55　ギャロップ／リズムでシンクロギャロップ 56
立ち幅跳び 57　チャレンジ立ち幅跳び 58　スケーターズジャンプ／ドーンじゃんけん 59
ロープでマイコース‼ 60　走ってビンゴ‼／巨大あみだくじ 61　スタンドコーン 62
かぜになろう！／ベルトコンベアー 63　かぜになろう！（2人リレーver）64
変形ダッシュ／チャレンジシャトルラン 65　合図に合わせて右向け右！66

コラム 子どもが教えてくれたこと ... 67

4 器械運動領域 ... 68

器械運動の授業を成功させる！導入５分の組み立て方 ... 69

動物進化じゃんけん／動物おにごっこ 70　いろいろゆりかご①②③ 71　いろいろな転がり 72
だるま回り／シンクロ背支持倒立 73　ゆりかごキャッチボール／足運びリレー 74
マットじゃんけん／カエルの足打ち競争 75　ぴょんぴょんじゃんけん／ブリッジくぐりリレー 76
手押し車リレー／手押し車じゃんけん 77　着地ピタゲーム 78　セーフティマットフラッグス 79
いろいろ馬跳び①②③ 80　器械でどんじゃん／平均台で並び替えゲーム 81　地蔵倒し 82
じゃんけん開脚ゲーム／人運びリレー 83　だんごむし競争／振り飛び競争 84

コラム 若かりしころの失敗 ... 85

5 表現領域 ... 86

表現の授業を成功させる！導入５分の組み立て方 ... 87

しり文字／もじモジづくり 88　スポット踏み／スポット踏み2 89　不思議な作品／エアスポーツ 90
音楽に乗って♪／スキップ遊び 91　リズムジェスチャーしりとり 92　人間と影／鏡遊び 93
ジェットコースター 94　○○になろう／米作り 95　ロンドン橋落ちた／たこ上げ 96　リーダーを探せ 97

6 水泳領域 ... 98

水泳の授業を成功させる！導入５分の組み立て方 ... 99

動物進化じゃんけん／電車ごっこ 100　花いちもんめ／水かけあいっこ／手パシャリズム 101
だるま浮きおにごっこ／大の字浮き 102　バブリング・ボビング／シーソー／「大きく浮かぶよ」103
床タッチ／水中じゃんけん 104　吹き流し／「ももの名産地」105　手つなぎバタ足／ハローバイバイ 106
ビート板押し競争／かきくけー体操 107　ロケットジャンプ／シンクロクロール，シンクロ平泳ぎ 108
イルカの調教師／イルカの柵越え 109

コラム 本当の学級開き ... 110

第3章 いろいろな場面で使える！とっておきの５分ネタ ... 111

いろいろな場面を盛り上げるコツ！ ... 112

指バトンリレー／マットでお好み焼き 113　動物ビンゴ／チームじゃんけん 114　人間知恵の輪／おしりンリレー 115
縄ボール運びリレー／整列ゲーム 116　壁登り／目隠しキャッチ 117　「1，2，せーの！」／ブーメランリレー 118
バナナおに／田んぼおに 119　医者ドッジ／ボールおに 120　7ボール 121　マット引き 122
挟みボール落とし／キックドッジボール 123　取り合いドッジボール／復活ドッジボール 124
なかよしサッカー／かつぎリレー 125　たから取り 126　缶（ボール）蹴り／だるまさんが○○した 127

執筆者一覧 ... 128

第1章
45分の授業を成功させる！効果的な「準備運動」

子どもたちが，「さあ，運動するぞ！」「よし！ 今日もチャレンジするぞ！」といった気持ちになれる体の準備，心の準備をする時間。45分の授業に臨むための準備です。どんなことに気をつけて構想していけばよいのでしょう。

最初の5分を有意義な時間に
教師と子どもの願いの合致

たかが5分　されど5分

さあ，研究授業。授業前には場や用具の準備も大方ばっちり！　始まりのチャイムと同時に，子どもたちの活動が一気にスタート！

そんな場面をよく見ます。しかし，実際の日常では，そうはいきません。前の時間の片づけをしたり，短い休み時間の間に着替えをしたり，授業の場の準備をしたり，移動したり……。バタバタとしている間に5分，10分と過ぎてしまうこともめずらしくありません。

また，授業が始まる時間になっても，ダラダラと集まっている子どもたち。先生が準備するための間，ひまそうにしている子どもたち。特に何の準備にもなっていない運動をしている子どもたち……。こんなスタートの5分になっていないでしょうか。

この5分，年間105時間の体育（高学年は90時間）の毎5分と考えると，大きな大きな時間になります。たかが5分，されど5分です。この5分で，多くのことが可能にもなります。有意義な5分にしたいものです。

準備運動って

この5分，よく「準備運動」の時間として使われます。読んで字のごとく，準備のために運動することです。この「準備」は，その45分の授業に臨むための準備です。子どもたちが，「さあ，運動するぞ！」「よし！　今日もチャレンジするぞ！」といった気持ちになれる体の準備，心の準備をする時間とならなくてはいけません。「体育係の人，前に出て準備運動をしてください」といった教師の声かけをよく聞くこともあります。本当にそれでよいのでしょうか。

教師の願い

この5分で，まずは何を子どもたちにさせたいのか，どんな子どもたちの姿を願うのか，教師自身がイメージしてみましょう。

この短い5分ですら，私たちは子どもたちがいきいきと体育の授業に向かうことを願いたいものです。たとえ教師が準備に動いていても，子どもたちだけで協力し合って運動する姿。たとえ体育係主体の準備運動をすることになっても，主運動につながる運動をきっちり行う姿。そんな姿をしっかりイメージしましょう。そして，そのイメージに近づくために，最初の5分，どんな活動を設定すればよいのか考えていくのです。

子どもたちの願い

しかし，いくら教師が願いをもっても，動くのは子どもたちです。子どもたちにも願いがあります。教師が「グランド3周！」と指示をしても，「やった！」とすべての子どもが喜んで走り出すことはありません。多くの子どもたちは「え～!!」という気持ちになることでしょう。教師としては，体力がつくこと，体をほぐせること，意味があることはわかっています。なぜそうなるのか？　それは，子どもたちの中に意味が見出せていないからです。そこに楽しさを見出せていないからです。

例えば，こんなスタートならどうでしょう。

願いの合致

この5分を有意義な時間にするためには，教師が願いをもち，子どもの「願い」をはっきりつかんでおくことが肝要です。

そして，この教師の願いと子どもの願いを合致させること。つまり教師が学ばせたいものをいかに子どもの興味や関心にのせて提示していくのか。私たちは常に求めていかなくてはなりません。

私たちは，子どもたちが少しでも楽しめるように，授業内容を工夫しています。

「グランドにたくさんのコーンが置いてあるよ。チームで手分けして，全部タッチしたら帰ってこよう！」きっと自ずとグループで分担するための話し合いが始まります。自分だけ遅れるわけにはいかないので，がんばって走ってタッチしに行くでしょう。

他にも，1周ごとにいろんな友達と手をつなぎながら走る。1列に並んでジグザグに走る。といったことをつけ加えると，子どもたちにとって楽しくなるでしょう。

ただ「走りなさい！」と言うよりは，子どもたちの中にその運動を行う意味や楽しさが生まれます。

「ゲームのルールをこうしよう」
「ボールは，こんなものを用意しよう」
「技を拡大して提示しよう」……

その時間の主たる運動に向かう準備はばっちり！　ならば，最初の5分を工夫することでそのよさはより鮮明になります。

本書に，そのヒントとなる運動例がたくさん掲載されています。しかし，最後は目の前の子どもたちの姿，願いからよりよい準備運動を選択していきましょう。

最初の5分を有意義な時間に

- たかが5分！　されど5分！
- 45分の終わりの姿をイメージする。
- 教師の願い，子どもの願いの合致。

2 「準備運動」構想のポイント
「身体・思考・仲間」3つのつながり

3つのつながり

準備運動となる5分程度の運動を構想する際，次の3つのつながりを大事にしています。1つ目は，主となる活動と身体的につながること。2つ目は，主となる活動と思考的につながること。3つ目は，仲間とつながること。もちろんすべてが包括されていれば言うことありません。しかし，どれか1つの要素でもあれば十分です。

身体的なつながり

どの運動にも必要になる動きがあります。その動きをゲーム化などして直接的に取り入れることもあれば，その基礎となる動きや類似した動きを間接的に取り入れることもあります。例えば，

・前転の授業を主で行うので，背中を丸める運動を取り入れる。
・バスケットボールのゲームを行うから，パスする動きの入った運動を取り入れる。
・幅跳びの授業をするから，リズムよく跳ぶ運動を取り入れる。
・平泳ぎの手足のタイミングを学ばせたいからリズムに合わせてさせてみる。

といったことです。

その際，「この運動は後でやる○○の運動につながる動きだよ」と伝えておくこともあれば，「とにかく楽しくやってみよう！」と言うこともあります。どちらでも問題ありません。大切なことは，どちらがより意欲的に運動に向かえるのかということです。子どもたちの事実，願いを鑑みながら選択していけばよいでしょう。

思考的なつながり

主たる運動の動きを支える運動を準備します。例えば，

・おに遊びを三つ巴にすることでより相手の位置や動きを考えることが必要な運動にする。
・グランドを何周か走るのではなく，役割や順番を考えながら，走らなくてはいけないようにする。
・フラッグフットボールで複数の相手をうまくかわす動きの判断を学ばせたいので，しっぽ取りゲームを取り入れる。
・2人組で，パスの練習をし続けるのではなく，3人組でパスを出したら次に移動する動きを入れる。

といったことです。

思考的なつながりのある運動を行った後は，仲間とともに，その感想やコツを交流させましょう。「動きながらパスするって難しいね」「相手の腰を見ていたらうまく動けたよ」など，頭の中を言語化することで，思考が整理され，次の動きへとつながります。

仲間とのつながり

　体育は動きの獲得を主たる目的とする教科です。それは個人の能力の獲得ともいえます。しかし，その獲得過程において，仲間とのつながりが大きな力を発揮します。他の教科・領域と比べてもその占める割合は大きいと感じています。なぜでしょうか？　それは，

①身体接触が多いことで必然的にかかわりが生まれる。

②役割分担が多いことで，自分の適性や力に応じた活躍の場がある。

③できる・できないが見て明確であることから互いの伸びを確認できたり，アドバイスし合ったりできる。

といったことが挙げられます。仲間とのつながりが必然的に生まれるということです。その特性を準備運動にも取り入れます。例えば，

・ストレッチなどを個人でするのではなく，じゃんけんゲームなどを取り入れ，仲間とともに楽しく体をほぐすことができるようにする。

・水泳でふし浮きをする際，1人でするのではなく2人以上で手をつないでさせてみる。

・ハードル走の授業。2人のリズムを合わせて跳び越えていくことを取り入れる。

・ドリブルの練習の際，1人で行うのではなく，仲間とリズムを合わせたり，ドリブルしながらタッチしたり，ボールを交換したりしながら行わせる。

　仲間といっしょに運動をしながら，励まし合ったり，笑い合ったり，悔しがったり……。仲間とつながることで運動への意欲が強化されることでしょう。

　教師ももちろん子どもたちと大いにかかわり合い，つながりをつくっていくことは言うまでもありません。

準備運動構想のポイント

●主運動に必要な動きや類似する動きとつなげる。

●主運動の動きを支える思考とつなげる。

●運動への意欲を強化する仲間とつなげる。

3 準備運動のエッセンス
楽しい時間にするための工夫

楽しくないのは罪!?

いくら体がほぐされようが，体が鍛えられようが，楽しくなければ大人であっても，よほどの確固たる決意がなれければ長続きしません。楽しくない運動を子どもたちに無理矢理にさせる教師は罪であるとまで思います。

準備運動にも楽しさを存分に取り入れていきましょう。もちろん運動自体が楽しくなるということが理想です。しかし，すべてがそうはなりません。そこで，発達段階に応じて，以下のようなことを運動に取り入れることで，楽しさをつくり上げることができます。

ゲーム化

子どもたちはゲームが大好きです。ゲームは，一体感を生み出します。他者と競うこと，自分（グループ）で課題に挑戦することなど，最初は「ゲームに勝つこと」「ゲームをクリアすること」といった外発的動機づけで運動の舞台に子どもたちを引き上げましょう。運動するきっかけを，子どもたちに与えることができれば大成功です。

「体育館のラインの上だけを走っておにごっこをしましょう」

「ビート板を両側からバタ足で押し合いましょう」

「ポートボール台の上に何人まで乗ることができるかグループでやってみましょう」

しかし，学年が上がるにつれてそれだけでは飽きも出てきます。技能差も広がっていきます。ちょっとした作戦が必要となるような知的好奇心に訴えかけられる内容も取り入れてゲーム化していきましょう。

リズム化

体力が落ちたといわれる現代の子どもたち。確かにそう感じる場面が多々あります。しかし，リズムに乗って体を動かす力，いわゆるリズム感は，私たちの時代の子どもたちより優れていると感じることも多くあります。また，リズムにのって動くことも大好きです。そのよさを活かして，運動をリズム化してみましょう。

「あんたがたどこさの歌に合わせてボールを床についてみよう」

「音に合わせてスキップしてみよう」

「口伴奏にのせて平泳ぎの動きをやってみよう」

主運動に必要な技術をリズム化して習得していくのもよいでしょう。リズムに合わせて同じ動きをみんなでそろえるのも楽しいですね。

そろえる

　音に合わせて同じ踊りをしてみたり，同じポーズで写真を撮ってみたり，動作やポーズをそろえることは子どもたちにとって喜びです。一体感を生み出すという効果もあるからでしょう。準備運動でも，いろいろな動きを仲間と合わせることで，子どもたちの笑顔を増やしてみましょう。

　「前転を2人並んで同じタイミングでやってみよう」
　「その場かけ足をグループで同じリズムでやってみよう」
　「息継ぎのタイミングを合わせてボビングをやってみよう」

　1人だとできる動きも，仲間と合わせるとなると難易度が上がります。その分，できたときの喜びも増します。

数値化（記録化）

　前の自分よりどれだけ成長したのか，自分で実感することは難しいことです。客観的に自分の伸びを感じるために，数値化してみましょう。

　「バッティングでラインを何回越えることができたか記録しましょう」
　「決まった時間にどれだけパスをまわすことができたか記録しましょう」
　「立てられたコーンを何秒で倒すことができるか記録しましょう」

　学習カードや掲示物などに記録を残しておくことで励みにもなります。学級で最高記録の子どもを称賛するとともに，前回からの伸びが大きい子をより認めていけるとよいですね。

できばえ

　数値では測れないこともあります。美しさやダイナミックさといったいわゆる「できばえ」の類のものです。グループなどでそのできばえを評価し合いましょう。

　「跳び上がって，3秒間ピタッと止まってポーズをしてみよう」
　「ぐにゃぐにゃロープの上を落ちないように走り抜けてみよう」
　「あるスポーツをやっているところをしゃべらずに体で表現してみよう」

　何をよしとするのか。クラスで合意形成していく場面ともなります。その基準がシンプルであるほど，より楽しく取り組めます。

準備運動のエッセンス

- この45分に期待を抱く最初の5分に。
- まずは外発的動機づけでOK！
- 発達段階に応じた工夫の選択を！

準備体操？　準備運動？

　「準備体操をしておきましょう」「準備運動をしておきましょう」さてどちらが正しいのでしょう。明確に区別されていない場合もありますが，私はこの２つを区別して使っています。体操といえば，ラジオ体操がすぐに思い浮かびます。曲などに合わせてひとくくりになったものが体操です。「○○小体操」といった体操をつくっている学校もあります。全身や体の一部をほぐしたり，強化したりといった役割があります。一方，準備運動は，何か主たる目的に向かって，準備をするための運動です。例えば，水泳の授業時，気温が低いのでしっかり身体を温める運動を入れる。跳び箱の授業時，よく手首を使うのでストレッチしておく，といったことです。

　そのように考えると，準備体操という体操はないということになります。私自身も普段は，準備運動という言葉を用いて子どもたちに指導しています。しかし，６年生をもったある年，あえてこの準備体操を子どもたちにつくらせることにしました。グループで準備体操リーダーを決め，活動内容によって行う運動を考えます。授業の最初５分は，そのリーダーの指示に従ってグループごとに身体を動かします。

　「２班体操」「スーパージャンプ体操」「バスケうまくなる体操」などとネーミングまで行うと愛着も湧いてきます。体育係の活動の１つにすると，係の仕事も活性化しました。また，「次の単元はマット運動だから，首をほぐせるものを入れといてね」「これから寒い時期になるから，しっかり体全体が温まるような動きが入っているといいな」など，教師から少し注文を出すと，それに応える運動を考えられるようになりました。

　学年当初，中には「どうかなぁ……」という運動をしているグループもありましたが，ちょっと助言していくことで，だんだん意味のある運動を行えるようになりました。何より，とてもいい雰囲気で笑顔いっぱいに運動している姿をたくさん見ることができたことが一番の成果でした。「たかが５分。されど５分」の積み重ねの成長です。

第2章
領域別で選べる！ 導入5分の「準備運動」全部紹介！

身体的なつながり，思考的なつながり，仲間とのつながり。3つのつながりを含んだ準備運動例を，領域ごとに紹介していきます。
最初の5分で笑顔が広がる準備運動にしていきましょう！

1 体つくり領域

体つくり運動は，心と体の関係に気づくこと，体の調子を整えること，仲間と交流することなどの体ほぐしをしたり，体力を高めたりするために行われる運動です。ここでは，体つくり運動につながる準備運動を紹介します。

体つくりの授業を成功させる！
導入5分の組み立て方

体つくりとは……

> **学習指導要領解説からポイントチェック**
>
> 「体つくり運動」では，他の領域において扱われにくい様々な体の基本的な動きを培います。「体ほぐしの運動」に加え，低学年では「多様な動きをつくる運動遊び」，中学年では「多様な動きをつくる運動」，高学年では「体力を高める運動」が示されています。また，この「多様な動きをつくる運動（遊び）」には，（ア）体のバランスをとる運動（遊び）・（イ）体を移動する運動（遊び）・（ウ）用具を操作する運動（遊び）・（エ）力試しの運動（遊び）・（オ）基本的な動きを組み合わせる運動（中学年のみ）が含まれます。「体力を高める運動」には，（ア）体の柔らかさ及び巧みな動きを高めるための運動・（イ）力強い動き及び動きを持続する能力を高めるための運動が含まれます。

組み立て方のポイント

ゲームのように試合に勝つこと，器械運動などにように技ができるようになること，陸上で記録を伸ばすことなどが直接の目標にならない領域です。その分，子どもたちが願いをもって，意欲的に運動に取り組めるように工夫が必要となります。

低学年では，体を動かすこと自体が楽しい運動をどんどん取り入れていきましょう。学年が上がるにつれて，動きを合わせること，記録を数値化すること，ゲーム的要素を加えることで，より楽しい準備運動を組み立てていきます。

● カウントダウンランニング

対象 全学年
活動 体のバランスをとる

「1, 2, 3, 4, 5！」
「1, 2, 3, 4！」
「1, 2, 3！」
「1, 2！」
「**1**！」

★ **ワンポイントアドバイス**
仲間と動きを合わせることが楽しさの中心となります！

のかけ声とともに，その場で駆け足をする。最後の数（太字）のときには，ビシッ！と動きを止める。だんだんカウントダウンしていき最後の「いちっ！」のかけ声をかけたときに，上がっている足が，写真のようにそろっていれば合格！

成功のポイント

応用編として，
・カウントの数を10まで増やす。
・最後のポーズをみんなで考える。
・カウントとともに，90度ずつ回転していく。
なども考えられます。

いち！

● みんなでいっしょ！

対象 全学年
活動 ステップ・巧みな動き

下の写真のように並び，声を合わせてつま先で連続跳躍しながら，指導者の声で前後左右に跳ぶ。動きと心を仲間と合わせることが学習への意欲を一気に高める。
(下線：その場で跳ぶ　下線：指示された方に跳ぶ)

指導者：「みんなでいっしょ」→　子ども：「みんなでいっしょ」
指導者：「まーえ」→　子ども：「まーえ」
指導者：「うしろ」→　子ども：「うしろ」
指導者：「みーぎ」→　子ども：「みーぎ」
指導者：「ひだり」→　子ども：「ひだり」
指導者・子ども：「イェーイ！」（ハイタッチ）

左！
指導者
左！

成功のポイント

「言うこといっしょ，すること反対」もおもしろいです。文字通り，言うことはいっしょだが，することは反対を行います。つまり「右！」と言いながら，左に移動します。さらに，「言うこと反対，することいっしょ」「言うこと反対，すること反対」も盛り上がります。

●いっぱい乗ろう！

対象	全学年
活動	体のバランスをとる

ポートボール台などの上に1人ずつ乗っていく。何人乗れるかにチャレンジ。
1人ずつ乗っていき，乗れずにバランスを崩したチームの負け，というルールも可。

★ワンポイントアドバイス

友達同士で支え合い，バランスをうまくとる必要があります。

成功のポイント

台の大きさを調整して，難易度を上げることもできます。
アイテムとして，ロープや棒を渡して行うと，いろいろな工夫も出てきます。

●ラインおにごっこ

対象	全学年
活動	走る・体のバランスをとる

ラインを引き（体育館のラインでもよい），ライン上でおにごっこをする。
おにがタッチをすると逃げる方からおにに変わる。

★ワンポイントアドバイス

細いライン上を走らなくてはいけないので，バランス感覚も必要！

成功のポイント

行き止まりラインをいくつかつくって，そこに行かないように考えさせるようにしてもよいですね。
おにはライン上以外も走れるようにすることもできます。

● 手つなぎおにごっこ

対象 全学年
活動 走る

定められたエリアで行う。最初におにが追いかける。おににタッチされたら，タッチされた子とおにが手をつないで追いかける。
全員手をつなげば終了。

★ **ワンポイントアドバイス**

定番ですが，盛り上がります！
自然と手をつなぐ機会にもなります。

成功のポイント

制限時間制にしてもおもしろいです。最初のおにの人数を増やして行うこともできます。
手をつなぐ人数が4人になったときに分裂して2人ずつで追いかけるようにすると，おにが有利になります。

● 玉拾い合戦

対象 全学年
活動 投げる・走る

2チームに分かれ，片方のチームが紅白玉の玉を1人1個投げる。その玉をもう一方のチームが1人1個拾い，籠に入れる。
すべて籠に入れるまでの時間を競う。

★ **ワンポイントアドバイス**

速く走ること，遠くに投げること。
この2つが勝敗を分けます！

「なるべく遠くに投げよう！」

「はやく集めよう！」

成功のポイント

走り方をケンケンにしたり，スキップにしたりと工夫することもできます。
玉の数を1人2個，3個……とすると運動量も上がります。

◯ フープくぐり抜け

対象	全学年
活動	走る・跳ぶ

4人1グループになり，3人がフープを持つ。持っているフープの間をフープに当たらないようにくぐり抜ける。フープを持つ者は，当たらないようにフープを動かしてもよい。

★ ワンポイントアドバイス

フープに当たらないように体を小さくして進みます！

成功のポイント

いろいろなサイズのフラフープにしたり，ボールなど何かを持ったりすると難易度も上がります。順に行っていくリレー形式にしてもよいですね。

◯ 引っ張れ！バランス崩し

対象	全学年
活動	押す・引く・力比べ

3人1グループで行う。短縄を3本くくりつけて1つの輪にする。3人でその輪を引っ張ったり動き回ったりして相手のバランスを崩す。足が動いてしまったら負け。

★ ワンポイントアドバイス

相手のバランスを崩すために引っ張ったり，緩めたり，駆け引きが楽しめます。

成功のポイント

縄は少し長めにしておきます。縄の余裕部分が駆け引きにつながります。
人数を増やして，四角形で行うこともできます。

● 平均台渡り

対象	全学年
活動	体のバランスをとる

6人1組ぐらいのチームで行う。5人は平均台の上に乗り，待機。1人がその平均台をチームメンバーが落ちないように通る。
交代で行い，合計タイムを競ってもよい。

★ワンポイントアドバイス
すれちがうときに自然に体が触れ合い，いい顔が広がります。協力することが必須です。

移動

成功のポイント
渡り手が何か手に持つという課題にすると，難易度がぐんと上がります。
難しい場合は，1人だけ避難できる安全ゾーンを床につくります。

● フープリレー

対象	全学年
活動	体をほぐす

5人以上のチームをつくる。手をつないで1列に並ぶ。フープを端の子からもう一方の端まで送っていく。一番早く送ることができたチームの勝ち。

★ワンポイントアドバイス
手を離すことができないので，声をかけ合い，友達と協力しなくてはいけません。

成功のポイント
フープの数を2つ，3つなどと増やして行うこともできます。
手ではなく足をくっつけて離さないようにするというルールで行ってもおもしろいです。

◯ 2人でいっしょにジャンプ

対象 全学年
活動 跳ぶ

2人ペアで1つの短縄を使って行う。前後に並んで行ったり，左右に並んで行ったりと場所を変えて行うことができる。
10回連続で跳ぶことができたら交代して跳ぶ。

ワンポイントアドバイス
ペアの子と回すタイミングと跳ぶタイミングを合わせるために，自然と声かけが生まれます。

「せーの！」

成功のポイント
バリエーションとして，縦に並ぶ・向かい合わせ・お互い背を向けて・同じ方向，また，前跳びだけでなく後ろ跳びで行うこともできます。

◯ ツーインワン

対象 全学年
活動 走る

2人1組で縄は1本で行う。横に並んで，右側の子は右手に，左側の子は左手に縄を持つ。片方の子が跳ぶときは片方の子が回す。
4回で交代など繰り返し行う。

ワンポイントアドバイス
回し手になったとき，すっと体を横に向けることが成功のコツ！

成功のポイント
前跳びではなく，後ろ跳びでもチャレンジしてみましょう。
制限時間内に何人と成功できるかを競うのもよいですね。

トラベラー

対象 全学年
活動 跳ぶ

5人1グループで行う。1人は短縄を持つ。他の4人は横1列に並ぶ。短縄を持った子は前跳びをしながら横に移動していく。他の4人は回し手の縄が来たら、タイミングを合わせて跳ぶ。

〈トラベラー前〉

★ワンポイントアドバイス

跳び手と回し手が息を合わせて跳ぶ必要があります。〈トラベラー前〉だと、跳び手は回し手が見えません！〈トラベラー後ろ〉だと、回し手は跳び手が見えません！

〈トラベラー後ろ〉

成功のポイント

回し手の跳び方を後ろ跳びにすることもできます。
回し手が横に動くのではなく、回し手はその場で回し、跳び手が縄に入っていくようにすることもできます。〈跳び手トラベラー〉
オリジナル技を考える活動もよいですね。

〈跳び手トラベラー〉

★ワンポイントアドバイス

回し手は動きません。跳び手が移動します！
跳び手のタイミングが重要になります。

しっぽ取り

対象　全学年
活動　走る

コート内でしっぽを取り合う。取られたら負け。
※しっぽは赤白帽子やタオルでも代替可能。
※しっぽの数は2本にしてもよい。

①ノーマルルール
自分のしっぽを取られないように注意しながら，相手のしっぽを取るゲーム。制限時間内にしっぽを守りきった人が勝ち。

②取ったら自分のものルール
しっぽを取ったら自分の腰につけて自分のものにしてもよいルール。制限時間内にたくさんしっぽを取ったり，最終のしっぽの数が多かったりした人の勝ち。しっぽを全部取られた人も動けるというルールにすると，全員の意欲が続く。

③最初と同じしっぽの数なら負けルール
最初のしっぽを1人2本にする。②と同じようにスタートし，相手のしっぽを取ったら自分の腰につけ，自分のものにする。終了時に最初のしっぽの数と同じだと失格。しっぽの数が多い人の勝ちとする動かざるを得ない状況をつくることができる。

ワンポイントアドバイス
周囲の状況を判断しながら走ります。運動負荷の高い運動です！

成功のポイント
いろいろなルールが工夫できる運動です。また，チーム戦で行うこともできます。①なら残っている子が多いチームの勝ち。②・③なら最終のしっぽの数で勝敗が決まります。

その他のルールとして，
・王様しっぽとり（王様がしっぽを取られたら負け）
・3色しっぽとり（決められた相手しかしっぽを取れない）
・じゃんけんしっぽとり（タッチされたらじゃんけん。勝ったらしっぽを取れる）
などが考えられます。

◯ ケンケンタッチ

対象	4～6学年
活動	跳ぶ

スポットの上をケンパーで往復し，ラインをタッチする。30秒で何回タッチできるかを競う。複数コースで同時に行い，動きをシンクロするといった課題も可。

★ワンポイントアドバイス
リズムよく跳ぶことが楽しい運動です！

成功のポイント
チーム対抗戦にして，制限時間内の合計回数を競い合うのもよいですね。
相手チームのスポットを動かし，難しいコースをつくり合う活動も盛り上がります。

◯ 竹の子ニョッキ！

対象	全学年
活動	立つ・座る

6人1組程度で行う。最初は手を前で合わせてしゃがんで待つ。
「1ニョキ」→「2ニョキ」……と言いながら立っていく。言うタイミングがかぶってしまったらアウト。6人全員が，かぶらずに立てたらクリア。

★ワンポイントアドバイス
仲間の様子をうかがいながら「◯ニョキ！」。
笑顔がこぼれます！

成功のポイント
しゃがむ⇒立つを逆にして行うこともできます。
しゃがんだ体勢から立つだけでなく，立つときにジャンプをするようにしてもよいですね。

●円に並んでだ～れだ！

対象 全学年
活動 ステップ

クラスを半分に分けて行う。1人が円の中心で目を閉じ，座る（おに役）。その子を囲むように手をつないで，内側を向いて待機。中心の子の「スタート」で円が回転し，「ストップ」で止まる。止まったときに中心の子の背中側にいる子がおに役を交代する。
椅子取りゲームの要領で，音楽をかけ，止まればストップもよい。

★ワンポイントアドバイス
サイドステップの動きでリズムよく回ります。

成功のポイント
「逆！」という合図で逆回転するようなルールを付け加えてもよいです。
外円の子が外側を向いて走る，電車つなぎで回るなどもおもしろいです。

●シャトルスロウ

対象 全学年
活動 投げる

コート上に散らばったシャトルをお互いのコートに投げ合う。
一定時間後，コート内にシャトルの少ないチームの勝ち。

★ワンポイントアドバイス
ゲームに勝つには，とにかくたくさん遠くへ投げることがポイントです。

成功のポイント
線を引き，それより奥に投げないと点数にならないというルールを付け加えると，より遠くへ投げることを意識します。
かごなどを用意して，相手コートのかごに入れた場合は投げ返されないというルールにすると，ねらって投げるようになります。

●グーパータッチ

対象 全学年
活動 投げる

2人1組で行う。ボールを放すタイミングで、手のひらを合わせる。
『むすんでひらいて』の歌に合わせて行うのもよい。

★ **ワンポイントアドバイス**
ボールのリリースのタイミングをつかむことができます。

「せーの」　　　　　　　パン！

「むすん<u>で</u>　ひらい<u>て</u>
　　手をうっ<u>て</u>　むすん<u>で</u>
　　またひらい<u>て</u>　手をうっ<u>て</u>
　　その手を　上に」
下線部でタッチ。最後は2人でハイタッチ！

成功の ポイント
「10人とやってみよう！」など、いろいろなペアとできるように声かけをすると、いろいろな仲間とつながっていく機会になります。

●開閉ジャンプ

対象 全学年
活動 跳ぶ

長座の子は足を開いたり、閉じたりする。立っている子は座っている子の足を踏まないように、グーパーの要領でジャンプする。10回成功で交代する。

★ **ワンポイントアドバイス**
声をかけ合い、2人の息を合わせて跳びます！

パー　　　　　　　　　グー

成功の ポイント
閉じる→開くの順番でだけではなく、閉じる→閉じる→開くというように変えて行うこともできます。ペアでいろいろなリズムを考えてみるのも楽しいですね。

両足左右ジャンプ

対象 全学年
活動 跳ぶ

ふせている子（台）を中心に，横両足ジャンプで左右に跳び越える。
制限時間内にどれだけ跳べるのかを記録するのもよい。

★ワンポイントアドバイス
腕の振りも使うことで，リズムと高さが生まれます。

成功のポイント
教師の手がグーのときは跳び越える。パーのときはその場でジャンプをする。10回成功したら交代といったゲームにすることもできます。
台の数を増やして，連続で跳んでいくのも楽しいですね。

遊具サーキット

対象 全学年
活動 走る・跳ぶなど

校内にある遊具を使ってサーキットコースをつくる。

★ワンポイントアドバイス
走ることだけでなく，ぶら下がったり跳び越したりと，たくさんの動きを取り入れたサーキットにします。

成功のポイント
「タイヤを2個跳び越す」「うんていは1つとばしでやる」など，遊具それぞれにルールをつけて行うこともできます。
チームを決めて，リレー形式で行うのもよいですね。

● 背中を合わせていっしょに

対象	全学年
活動	押す・引く

背中合わせになり，後ろで腕を組む。2人でタイミングをそろえて立ち上がる。
お互いに押し合い，先に立った方が勝ちとする対戦形式にしてもよい。

★ワンポイントアドバイス
立つためには，背中でしっかりと押し合うことが必要です。

せーの！

成功のポイント
互いの圧を感じ合います。
人数を増やしてすることもできます。

● 二色ケンケン川渡り

対象	全学年
活動	はねる

赤スポットは右足，青スポットは左足などと決めて，反対側の岸まで渡る。間違えずにできたらクリア。
もう1色増やして，そこは両足とすると，難易度も上がる。

★ワンポイントアドバイス
色を判断しながら，リズムよく跳んでいきます。

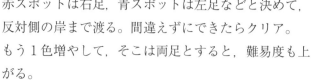

成功のポイント
スポットを自分たちで設定して，オリジナルコースをつくる活動もよいですね。
リレー形式で行ったり，他チームと動きを合わせたりするのも盛り上がります。

後出し足じゃんけん

対象	全学年
活動	跳ぶ・はねる

足じゃんけん。ペアのどちらが先に出すかを決めておき，後出しの子はそれを見て，それに勝つように出す。
「せーの，じゃんけん，ポン！」
一呼吸おいて「ポン！」

ワンポイントアドバイス
相手に応じて，瞬時に自分の動きを変化させることを楽しみます。

成功のポイント
後出しの子が負けないといけない，あいこにしないといけないなどのパターンにしても楽しいですね。徐々に後出しのタイミングを早くしていくと，難易度も上がります。

円形どんじゃん

対象	全学年
活動	走る

2チームに分かれ，スタート地点（フープなど）反対方向に同時スタート。ぶつかったらじゃんけんをする。勝ったらそのまま進み，負けたら次の人がスタート。相手のスタート地点にたどり着いたチームの勝ち。

ワンポイントアドバイス
カーブを走るときの腕の使い方や体の倒し方がつかめます！

成功のポイント
円を大きくすることで，走る距離が伸びて，運動量が増えます。
ケンケンや後ろ向きに走るなど，走り方に制限を加えて行うのもよいですね。

色タッチダッシュ

対象 全学年
活動 走る

教師（リーダー）が指定した色を探してタッチして元の場所に戻ってくる。早く戻ってきた人の勝ち。
グループに分かれ，分担してタッチしにいくバージョンもあり。
（「赤，青，黄，白！」→4人で分担してタッチ！）

ワンポイントアドバイス
指定された色をめざしてダッシュ！
子どもたちだけでも楽しく行えます。

成功のポイント
「赤と白と青！」など，タッチの色数を増やして行うこともできます。
移動する際の走り方に制限を加えて行うこともできます。
〈例〉「往きはスキップ。帰りはケンケン」

三角おにごっこ

対象 全学年
活動 走る

A，B，Cの3チームに分かれる。AがBをつかまえる。BがCをつかまえる。CがAをつかまえる。つかまったら，待機ゾーンに待機する。制限時間後，生き残った人数の多い方が勝ち。ゼッケンや帽子（赤，白，なし）などでチームを分ける。

ワンポイントアドバイス
たくさんつかまえる，なるべくつかまらない。両方考えながら動く運動です！

成功のポイント
待機ゾーンにいる人は，同じチームのメンバーにタッチしてもらったら復活できるルールもあると，意欲が持続します。

準備運動で…変わった！

「次の体育，バスケか……いややなあ……」

　給食の時間にある子どもがつぶやいた一言。バスケットボールは子どもたちが待ち望んでいたボール運動です。さらに私自身もバスケットボール経験者で，指導にも力を注いできただけに，その一言がとてもショックだったことを思い出します。次の時間から，私はその子に少しでも前向きに取り組んでほしいと考え，たくさんの励ましの言葉かけやシュートやパスのコツの指導を行いました。自分なりに精一杯指導したつもりでした。しかし……，単元最後の振り返りには一言「全然楽しくなかった」と書かれていました。

　2か月後，私は「タグラグビー」に取り組むことにしました。ボール操作が比較的簡単で，苦手な子どもも取り組みやすいと考えたからです。私は「あの子もこれなら必ず楽しんでくれるはず！」と信じて，祈るような思いでゲームの様子を観察していました。が，ミスが目立ち，得点を挙げることもできず，活躍する様子は見受けられませんでした。「きっと今回も楽しくなかったって書いてあるんだろうな」と恐る恐るその子の授業後の振り返りを見ました。「ゲームではミスばかりだったけど，授業の最初にやった『しっぽとり』では2つのタグを取れた！　今日は楽しかった！　次はゲームでもタグを取れるようにがんばりたい！」

　準備運動1つで子どもの心が変わることに気づかせてもらえた瞬間でした。

2 ゲーム領域

ゲーム・ボール運動は，「ゴール型（ゲーム）」「ネット型（ゲーム）」「ベースボール型（ゲーム）」で内容が構成されます。ルールや作戦を工夫して，集団対集団の攻防によって競争することに楽しさや喜びを味わうことができる運動です。それぞれの「型」につながる準備運動を紹介します。

ゲームの授業を成功させる！
導入5分の組み立て方

ボール運動・ゲームとは……

学習指導要領解説からポイントチェック

種目個有の技能ではなく，攻守の特徴（類似性・異質性）や「型」に共通する動きや技能を系統的に身に付けるという視点から種目を整理し「ゴール型（ゲーム）」，「ネット型（ゲーム）」及び「ベースボール型（ゲーム）」で構成されます。「ゴール型」はバスケットボール及びサッカーを，ネット型はソフトバレーボールを，ベースボール型はソフトボールを主として取り扱うものとしますが，これらに替えてそれぞれの型に応じたハンドボールなど，その他のボール運動を指導することができます。なお，学校の実態に応じてベースボール型は取り扱わないことができることを「内容の取扱い」に示しています。

組み立て方のポイント

ゲーム・ボール運動領域では，ゲームに勝つことが子どもたちの最大の目標になります。一方，教師は，ボール操作などの技能やボールを持たないときの思考・判断を身につけて運動を楽しんでほしいと願います。ただ技能を伸ばすことだけ，ただ動きを覚えさせるだけにならないように，両者の願いを分離させずに準備運動を考える必要があります。

身につけさせたい技能がたくさんだと，技能の習得ばかりで時間が過ぎてしまいます。身につけさせる技能を精査していくとともに，メインのゲームにおける思考・判断が伴った準備運動を構築することで，子どもたちの必要感に寄り添った準備運動となることでしょう。

❶ おに遊び

◯ オールコーン倒し

対象 全学年
活動 走る

コーンを運動場に散らばらせて置く。（1チームの人数より多く）
2つのチームで対戦を行い，コーンを手で倒し，全部倒したら，集合場所に集まる。
集まるまでの時間を競う。

ワンポイントアドバイス
誰がどのコーンを倒しに行くのか話し合いが必須です。

成功のポイント
1つだけ宝物（ボールなど）をコーンの下に隠し，それを見つけたら集合としてもおもしろいです。手つなぎで探しに行くとしてもよいですね。

◯ たまご落とし

対象 中・高学年
活動 ボール操作

ボールを片手で持ち，もう一方の手で相手のボールを落とし合う。
落とされた子はボールを拾い，体の周りを3周回してから再開する。

ワンポイントアドバイス
ボールのハンドリングをしながら逃げる，追いかける動きを楽しみます。

成功のポイント
チーム戦で行うと作戦が生まれます。
足でドリブルバージョンもできます。

ドリブルハイタッチ

対象 全学年
活動 ドリブル

手（または足）でドリブルをしながら，すれちがった人とハイタッチをする。
1分間で，何人とできるかを数える。

ワンポイントアドバイス
タッチをしながら，たくさんの笑顔が広がっていきます！

成功のポイント
ボールを交換したらOKというのもおもしろいです。
足でドリブルしながらも可能です。
5人とタッチしたら抜けていくというルールもよいですね。

ボールキープねことねずみ

対象 全学年
活動 おに遊び

2列に並ぶ。列ごとにねことねずみに分けて，列の間のちょうど真ん中にボールを置く。指導者が「ね・ね・ね・ねこ（ねずみ）」と言い，呼ばれた方がボールを持ってドリブルで逃げる。追いかける方は，ボールを奪い取りに行く。奪われたら，奪い返してよい。
20秒後の笛が鳴ったときに，ボールを持っている人が勝ち。

ワンポイントアドバイス
素早い動きが，実際のゲームにおける攻守の切り替えにもつながります！

成功のポイント
慣れてくると，4人（2対2）で1球のボールを奪い合うなど，複数で競い合うこともできます。

❷ ゴール型

● シンクロあんたがたどこさ

対象	低・中学年
活動	ボール操作

みんなで「あんたがたどこさ」のリズムに合わせてボールをつく。
「さ」の部分で足の下にボールをくぐらせる。

ワンポイントアドバイス
みんなで歌いながら，リズムに合わせて，ボール操作することで笑顔も広がります。

成功のポイント
人数をどんどん増やすことで，難易度が増します。
リズムを顔を上げて互いを見合うなどの工夫が見られるようになり，よりゲームに必要な「つく」に変化していきます。

● ワンバウンドとりかご

対象	中・高学年
活動	投げる・捕る

4人がワンバウンドさせてボールをつなぐ。
おに（1人）が回しているボールを奪いに行く。
おにがボールに触れたら交代。
※10回パスを回せばおにを交代でもよい。

ワンポイントアドバイス
おにを目で追いながら，パスを送る。
ゲームで使える技能を身につけることができます。

成功のポイント
実態に合わせて，ボールをワンバウンドさせるのではなく，ボールを投げるバージョンや蹴るバージョンに変えることもできます。

●壁・ドン！

対象 低・中学年
活動 投げる・捕る

壁にボールを投げ当て，返ってきたボールを捕る。
「壁にボールを当てて『ドン!!』と大きな音を鳴らそう」という声かけが効果的。
手前（1点）の線から始め，返ってきたボールを捕れば，1つ後ろの線に下がる。
逆に，捕れなければ，1つ前の線に戻る。
1分間で何点までいけるかを競う。

ワンポイントアドバイス
力強く投げる動きと捕る動きを同時に高められます。

成功のポイント
グループで行うこともできます。4，5人程度のグループで，前の人が投げたボールを次の人が捕る形で順に交代していきます。

●きーたぞ きたぞ

対象 低学年
活動 受ける

簡単な手遊びから始める。
　教師と子ども：「きーたぞ　きたぞ　ボールがきたぞ」
　教師：「○○（体の部位）」
　子ども：ボールを捕る姿勢をとる。／真似をする。

ワンポイントアドバイス
ボールを捕る姿勢を確認しながら，捕る動きを高めます。

2人組で向かい合い，次のようにキャッチボールをする。
　2人組：「きーたぞ　きたぞ　ボールがきたぞ」
　投げ手：「○○（体の部位）」と言ってから，その部位に優しくボールを投げる。
　受け手：ボールを捕る。

「おでこ！」

成功のポイント
おでこ，胸，へそ，膝，つま先などの体の部位を使うとよいです。
2人組のキャッチボールに慣れてくると，体の部位だけでなく「どこか」の言葉を入れて，部位を言わずに投げることも取り入れるとおもしろいです。

◯◯キャッチ

対象	低・中学年
活動	投げる・捕る

ボールを空中に投げ上げる。
ボールが空中にある間に決められた動きをしてキャッチをする。

ワンポイントアドバイス
同時にいろいろな動きを行う難しさが楽しさにつながります。

成功のポイント
まずは手を叩くことからやってみましょう。
それ以外に，取り組む課題を変えて行うこともできます。
（例）
・頭→肩→膝を順に触る。
・◯回転する。
・前転する。
・背中でキャッチ。　　　　など

移動パスゲーム

対象	中・高学年
活動	パス・移動

最初は4つのスポットに対して3人で行う。
パスを出した子は空いているマーカーへ移動する。
次々とパスを出していき，1分間に何回パスすることができるのかを競い合う。

ワンポイントアドバイス
パス後にいかに素早く動けるかが大切です。

成功のポイント
スポットの数を増やす，横への移動は禁止，などの制約を加えると，思考面でもより難易度を上げることになります。

ゴールへポン！

対象　中・高学年
活動　走る・捕る

2人組で向かい合う。
お互いがボールを持ち，その場にボールをバウンドさせる。
相手のボールが落下するまでに相手のボールをキャッチすると成功！

ワンポイントアドバイス
互いのタイミングを合わせることが重要となります。

成功のポイント
慣れてくれば，2人の距離を延ばしたり，ボールの種類を変えたり，人数を増やしたりするとおもしろいです。

ターゲットゲーム

対象　低・中学年
活動　投げる

ターゲット（3人程度）になっている相手にめがけてボールを投げる。
うまくキャッチしてもらえたら得点。3球投げたら役割を順番に交代していく。
3球で3人にキャッチしてもらえたらボーナス得点！

ワンポイントアドバイス
ねらって投げる。キャッチする。単純な運動ですが，どの学年の子どもも，盛り上がります！

成功のポイント
利き手，利き手と反対などを条件として設定すると，より楽しくなります。
距離やボールの種類を変えることで，様々な学年で取り組むことができます。

◯ トンネルボール

対象 低学年
活動 転がす

ボールを転がす人1名を決める。
残りの人は四つん這いになり,トンネルをつくる。
誰にも当たらず,トンネル内を転がすことができればOK！

ワンポイントアドバイス

投げる子も,トンネルをつくる子もハラハラドキドキ。
どの学年の子どもも,盛り上がります！

成功のポイント

四つん這いのかわりにブリッジの姿勢で行うこともできます。
だんだんトンネルの人数を増やしていくと,さらに盛り上がります。

◯ ころころターゲットゲーム

対象 低・中学年
活動 転がす

ターゲット（フープ）目がけてボールを転がす。
フープの中にボールが入れば得点。
※フープを2つ重ねるとボールが止まりやすくなる。

ワンポイントアドバイス

力を加減しながら,ねらって転がすことが楽しい運動です！

成功のポイント

得点2倍ゾーンを設ける,持ち点が0になるゾーンなどをつくるなどしても盛り上がります。
チーム制にして対戦にしてもよいですね。

❸ ネット型

● ピッタリでつなごう！

対象 中・高学年
活動 はじく

ボールを上にはじいて地面に落とさずにつないでいく。
「1分間で15回」などと時間と回数を指定する。
ビーチボールや風船などから始めてもよい。

★ワンポイントアドバイス
ぴったりにするためには、ボールをはじく強さの調整が必要です。

成功のポイント
つながらない場合は、ボールを軽いものに変えてみたり、人数を増やしたりします。
慣れてきたら範囲を指定し、そこから出たら0からやり直しなどのルールを加えると、より盛り上がります。

● ダッシュ&はじき

対象 中・高学年
活動 走る・はじく

ビーチフラッグの要領。
「はい！」の合図と同時にボールを自分の頭を越すぐらいの高さに投げ上げる。
ボールが落ちてくる地点に向かってダッシュし、ボールをはじくことができればOK！

★ワンポイントアドバイス
届くかな？ 届かないかな？
このギリギリを楽しみます！

成功のポイント
スタートの方法をスタンディングやうつぶせ、あおむけなどいろいろ変えることで難易度も変わります。
距離を競い合うのも、盛り上がります。

◯ ハイタッチ！

対象	中・高学年
活動	移動

ネット側に体を向けて，順番にスポットをたどっていく。
ネットを挟んで相手と「ハイタッチ！」。互いにジャンプして手と手を合わせる。

★ **ワンポイントアドバイス**
目と目を合わせ，声を合わせ，ジャンプするタイミングを合わせます。

成功のポイント
動きがゲームの中にも表れるように，慣れてくれば後ろに下がる際，バックステップを取り入れるようにします。
タッチする人と声をかけ合い，楽しくやれるとよいですね。

◯ はじいてGO！

対象	中・高学年
活動	はじく・移動

2人1組で行う。ネットを挟んで，ボールをはじきながら横移動していき目的地点まで行く。

★ **ワンポイントアドバイス**
互いの動きを合わせながら，狙ったところへボールをはじきます。

成功のポイント
はじく回数を制限したり，目的地までの距離を変えたりすることで，タイミングの合わせ方やはじく強弱なども課題となり，かかわりが生まれます。
リレー形式にすることもできます。

○ バウンドゲーム

対象 中・高学年
活動 はじく

円になってバウンドさせたボールを順番に地面に叩きつける（床にアタックする）。
2バウンドする前に次の人が叩きつけてつないでいく。打ちつけたら元の位置に戻る。
時間は1分。

★ **ワンポイントアドバイス**
ネット型特有のはじく動きを楽しみながら経験できます。

成功のポイント
中学年はバウンドさせる，高学年は落とさずに何回続けられるかなど，実態に合わせてルールを変えるのもおもしろいです。

○ メリーゴラタック！

対象 中・高学年
活動 アタック

1人がボールをかかげる（もしくはぶら下げておく）。
アタッカーはボールの周りを走る。
ボールの正面に来たときにボールをタッチする（もしくははじく）。

★ **ワンポイントアドバイス**
ぐるぐる動きながらジャンプして，ボールをタッチする感覚を身につけます。

成功のポイント
持ち手のボールの位置を変えることで，様々な目的や段階に応じた感覚を養うことができるでしょう。
ぶら下げたものだとボールが揺れるため，難易度が上がります。

● 壁打ちゲーム

対象	低・中学年
活動	アタック

1列に並ぶ。壁にボールを打ちつけ，跳ね返ってワンバウンドしたボールを次の人が壁に打ちつける。
連続何回失敗せずにできるかを競う。

ワンポイントアドバイス
バウンドするボールにリズムを合わせて正確にヒットします。

成功のポイント
最初はキャッチ⇒スローやゴロなどから始めてみましょう。制限時間を設けてもよいですね。

● 壁当てゲーム

対象	低・中学年
活動	アタック

ボールをフロアに散りばめておく。
スタートの合図と同時に手でアタックして，四方の壁にノーバウンドで当てる。
次々とアタックしていき，制限時間内に何回当てたかを競い合う。

ワンポイントアドバイス
転がっているボールを力いっぱいはじく感覚を楽しみます。

成功のポイント
ターゲットを壁にするのではなく，自分たちでつくったものを的などにするのもよいですね。より狙うものが明確となり，コントロールを養うことができます。

❹ベースボール型

◯ ベースランニング ドンじゃんけん

対象	全学年
活動	走塁

ホームベースから同時に走り出し，2手（右回りと左回り）に分かれる。
2人が鉢合わせとなったら，「ドン！」とハイタッチをし，じゃんけんをする。
負けた人はコースから離脱し，次の順番の人がスタートする。
勝った人はそのまま進む。
ゴール（ホームベース）にたどり着いた人数で競う。

> ★ **ワンポイントアドバイス**
> どうすればスムーズにベースランニングできるのか，考えながら走ります。

> **成功のポイント**
> 右回りと左回りはその都度入れかえ，片方に片寄らないようにしましょう。
> あいこだと両方アウトにすると，よりスピーディーにゲームが進みます。

◯ キャッチボール

対象	全学年
活動	投げる・捕る

相手が捕りやすいようにワンバウンドさせるように投げたり，相手の胸めがけて投げたりする。「直接またはワンバウンドして捕れた場合は，互いに1歩後ろに遠ざかる。逆に捕りそこなったりツーバウンド以上して捕ったりした場合は，互いに1歩前に近づく」などのルールも入れられる。

> ★ **ワンポイントアドバイス**
> キャッチボールは「投げる」「捕る」の基本。ゲーム化して楽しく行います。

> **成功のポイント**
> ゲーム性をもたせることで，より盛り上がり，自分たちの技能の伸びを実感できるようにしましょう。
> 片手で捕る，利き手と逆で投げるなどの負荷もおもしろいでしょう。

● 球・合戦!!

対象	全学年
活動	投げる

ネットなどを両チームの間に置く。
スタートの合図で自陣にある球（玉入れの紅白玉など）をネット越しに投げる。
終わりの合図が鳴ったときに，自陣と相手の陣にある球の少ない方が勝ち。

ワンポイントアドバイス
斜め上に投げることで力強い投げ動作につながります。

成功のポイント
大きな球にしたり，色の違うラッキーボール（得点2倍）なども入れると，より盛り上がります。

● スローイングゴルフ

対象	全学年
活動	投げる

ゴルフの要領で，スタート地点からゴールと決めた的やカゴなどに，何回投げて到達することができるかを競う。
ボールは，玉入れの紅白玉などの跳ねないもので，当たっても痛くないものがよい。

ワンポイントアドバイス
コースやルールは学校に応じて工夫します。
楽しく投能力を高めます。

成功のポイント
校庭や運動場，裏庭などにいくつかのコースをつくっておくと，おもしろいですね。

◯ バッティングキャッチボール

対象　中・高学年
活動　打つ

ペアで向かい合い，次の投げ方でキャッチボールをする。
①ボールを両手で挟む。
②バッティング動作と同じように，体を後ろにひねる。
③回転させながらボールを前に送り出すようにして投げる。

ワンポイントアドバイス
バッティングの体重移動と体をひねるイメージをつかみます。

成功のポイント
体をひねられない児童は，投げる真似から始めてもよいです。
慣れてきたら，距離を遠くするなどの変化をつけてみましょう。

◯ かっとばせゲーム

対象　中・高学年
活動　打つ

ボールをバットで思い切り打つ。
当たれば1点，5m飛んだら2点。10m飛んだら3点。制限時間は60秒間。
などのルールを設定しておく。

ワンポイントアドバイス
とにかくバットで力強くボールをかっとばします！
「うつ」ことを存分に楽しみます。

成功のポイント
「どのようにボールを打つか」によって，点数や距離も変わります。
　→　（バットを使わずに）手で打つ。
　→　ティーに置いて打つ。
　→　優しく投げてもらって打つ。
制限時間ではなく，打つ数を10球などに制限することもできます。

第2章　領域別で選べる！導入5分の「準備運動」全部紹介！

●ボール集めゲーム

対象 中・高学年
活動 投げる・捕る

玉入れの紅白玉や，新聞紙を丸めたボールなど，転がりにくいボールを使う。
攻撃側が内野ファールゾーンより，ボールを投げ入れる。（30秒間）
守備側は，30秒後の合図とともに，外野ファールゾーンよりスタートして，ボールをベース上のカゴに入れる。
ただし，直接拾って入れてはいけない。必ず仲間に投げて，キャッチしてもらって入れる。

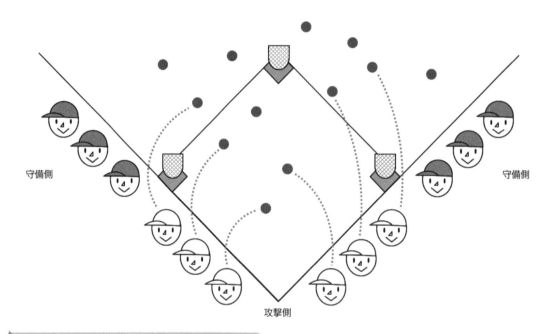

ワンポイントアドバイス

「ボールを捕って送球する動き」「キャッチしてベースでアウトにする動き」など，必要な動きがたくさんつまっています！

成功のポイント

慣れてくると，キャッチして入れた人は次に投げる人にならなくてはいけない。（連続でカゴに入れられない。）といったルールを付け加えることで動きも増えます。
また，1つのかごに入れられるボールの数を制限することで，チームで考えなくてはいけないことも増え，思考面も働かすことができます。

運動のイメージを変える

「先生，今日の体育何するの？」
「今日は，○○するよ！」「やった〜！」
「今日は，○○するよ！」「えー!!」

　どちらもよくある会話です。子どもたちに，人気のある体育ですが，領域によってその人気に差もあります。

　昨年担任した３年生では，ボール運動などは人気がある一方で，跳び箱はたいへん不人気でした。そこで，最初から跳び箱を出して授業を始めるのではなく，準備運動をたくさん取り入れることにしました。

　体育館に入ってきた子どもたちは，「あれ？　跳び箱出さないの？」と不思議そうです。「今日は，跳び箱は使わずに，跳び箱の授業をするよ」と言うと「？？？」。

　じゃんけんをして勝つたびに進化していく「進化じゃんけん」，みんなで動きを合わせる「シンクロ○○」など，跳び箱運動につながる動きを取り入れた準備運動をたくさん紹介していくと，不人気だったはずの跳び箱の授業なのに笑顔が広がります。その後の授業でも，準備運動の時間を少し長く設定することで，意欲的に授業に取り組む姿が見られました。

　子どもたちにとって，（好き・嫌い，得意・苦手といった）固定されたイメージは崩しにくいものです。しかし，ちょっと工夫を加えることで，プラスに働くことがあります。体育では，準備運動にもそのチャンスがあることを知った授業となりました。

3 陸上領域

　陸上運動は，走る・跳ぶなどの運動で，体を巧みに操作しながら，合理的で心地よい動きを身につけるとともに，仲間と速さや高さ・距離を競い合ったり，自己のめざす記録を達成したりすることの楽しさや喜びを味わうことのできる運動です。ここでは，陸上運動につながる準備運動を紹介します。

陸上の授業を成功させる！
導入5分の組み立て方

陸上運動とは……

学習指導要領解説からポイントチェック

低学年の「走・跳の運動遊び」の内容は，「走の運動遊び」及び「跳の運動遊び」で構成され，中学年の「走・跳の運動」の内容は，「かけっこ・リレー」「小型ハードル走」「幅跳び」及び「高跳び」で構成されます。高学年の「陸上運動」の内容は，「短距離走・リレー」「ハードル走」「走り幅跳び」及び「走り高跳び」で構成されます。走る，跳ぶなどの運動で，体を巧みに操作しながら，合理的で心地よい動きを身に付けるとともに，仲間と速さや高さ・距離を競い合ったり，自己のめざす記録を達成したりすることの楽しさや喜びを味わうことのできる運動です。

組み立て方のポイント

陸上運動の学習指導では，競走（争）や記録の達成をめざす学習活動が中心となります。準備運動でも勝敗が伴う競走（争）やゲームを取り入れてみましょう。その際，どの子にも勝つチャンスが訪れるように，ルールや場，指導などを工夫することが大切です。一方，記録を達成することもこの領域の大きな楽しさです。学習内容に応じて，一人一人が自己の能力に適した課題をもてるようにしましょう。また，課題解決に向けて，適切な場や運動を準備しておき，記録を高めることができるようにすることが大切です。

第2章　領域別で選べる！　導入5分の「準備運動」全部紹介！

● バウンディング（基本編）

対象	中・高学年
活動	走る・跳ぶ

連続でジャンプして前へ進む運動。
1歩目は両足で跳び出し，2歩目から足を交互に連続してジャンプする。
20mの距離をできるだけ少ない歩数でゴールすることを目標にする。
リズムよく跳べるようになると，より少ない歩数でゴールできる。

★ワンポイントアドバイス
ボールが弾むようなジャンプをめざします！

成功のポイント
50m走で足が上がっていない，ジタバタ走っている，などの子どもがこれに取り組めば，走りが改善されます！

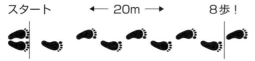

スタート　←20m→　8歩！

● バウンディング（応用編）

対象	中・高学年
活動	走る・跳ぶ

バウンディング（基本編）との違いは，最初に助走をつけること。
5m勢いよく助走し，スタートラインを片足で踏み切り，連続でジャンプする。
同じ20mの距離を，基本編より少ない歩数でクリアすることをめざす。

★ワンポイントアドバイス
1歩ずつ強く蹴る！
より遠くにジャンプする！
タイミングよく腕を前後に大きく振る！

成功のポイント
勢いがついた分，一歩一歩遠くに跳べますが，地面からの反発も大きくなるので，バランスを崩しやすく，リズムよく跳ぶ難易度がアップします！
50m走のタイム短縮につながります！

助走　←20m→　6歩！

◉ バウンディング（じゃんけん遊びver）

対象 全学年
活動 走る・跳ぶ

スタートからゴールまでの距離は20m。
2人1組でじゃんけんをする。
勝った人の，手の出し方の文字数だけ進むことができる。
先にゴールラインを越えたら勝ちです。

　　グー　　「グリコ」　　　3歩
　　チョキ　「チョコレート」6歩
　　パー　　「パイナップル」6歩

★ワンポイントアドバイス
1歩ずつのジャンプより，バウンディングした方がより前へ進めます！

成功のポイント
言葉や歩数をアレンジしてもOK！
スタート位置までなら助走OK！にすれば，一発逆転できる可能性が高まります。

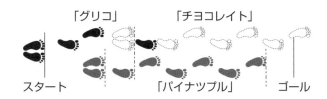

◉ スクエアジャンプ

対象 全学年
活動 走る・跳ぶ

自分の周りに四角の線を引く。
四角の中から，線を踏まないように両足でジャンプして外に出る。
外に出たらすぐに中に戻り，他の3方向のいずれかにジャンプする。（ジャンプする方向を指示するのも可。）制限時間内に，何度出入りできるかを数えて取り組む。

★ワンポイントアドバイス
次にジャンプする方向を意識することで，リズムよく跳べます。

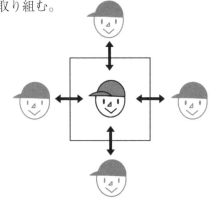

成功のポイント
ゲーム化して，回数を競ったり，記録をとって自身の回数をより増やせるように取り組みましょう！

マリオ JUMP

対象 中・高学年
活動 走る・跳ぶ

跳び乗っても安定する台を並べる。高さは無理のない程度。
コースをつくり，マリオのように台から台へ跳びながら渡っていく。台から片足で飛び降り，地面を踏み込んで次の台へとジャンプする。
※地面に触れているとき動きを止めてはいけない。台の上は安全地帯なので，休憩してもよい。

ワンポイントアドバイス

台から台の距離に応じて，1歩〜3歩でクリアできるコースをつくります。
地面の踏み込みをリズミカルに行えるようにします。

成功のポイント

走り幅跳びや走り高跳びなどの跳ぶ運動は，自分の体重を1本の足で支えなければなりません。助走によって勢いがある中，瞬間的に体を支え，ジャンプする力を生み出すために，少し高さのあるところから飛び降り，バウンディングする準備運動が効果的です。跳ぶ運動の感覚づくりにもなります。

○ スキップ

対象 全学年
活動 走る・跳ぶ

リズムを意識したスキップをする。

〈高いスキップ〉
「タターン，タターン」のリズム

⭐ **ワンポイントアドバイス**
「ターン」で足と腕を高く引き上げます。

「タ」 → 「タ———ン」 → 「タ」

〈素早いスキップ〉
「タタンタタンタタン」のリズム

⭐ **ワンポイントアドバイス**
「タン」で腕と足を素早く前方へ出します。リズムよく！

「タ」 → 「タン」 → 「タ」

成功のポイント
太鼓や手拍子，口伴奏でリズムをとるとよいですね。

○ リズムでシンクロスキップ

対象 全学年
活動 走る・跳ぶ

高いスキップと素早いスキップそれぞれのリズムを手立てにして，グループでスキップの動きをシンクロできるように取り組む。

通常のスキップは「タタン，タタン…」→高く　「タターン，タターン」
　　　　　　　　　　　　　　　　　　→素早く「タタンタタンタタン」

（例）
〈6人グループで活動〉
・1人がスキップをし，見ている5人は，必ず口伴奏で「タタン」の声かけをする。
・全員が高いスキップと素早いスキップを，口伴奏で使い分けられるようにする。
・口伴奏の仕方を共有できたら，そのリズムを基に，2人以上で横並びになり，スキップの動きをシンクロする。
・人数を増やしていく。

成功のポイント
人と動きを合わせることを課題にすれば，自分の動きに目を向けることができます。

⭐ **ワンポイントアドバイス**
高く→「ターン」の動きを合わせます。
素早く→「タン」のタイミングを
　　　　みんなで合わせます。

ギャロップ

対象　全学年
活動　走る・跳ぶ

馬の走りのように，タタッ・タタッ・タタッ・タタッのリズムで走る運動。
走り幅跳びや走り高跳びの踏み切り1歩前～踏み切り動作の練習にもなる。

成功のポイント
スピードをつけて，「タッ」で大きな踏み切りをすれば，走り幅跳びや走り高跳びの動きに近づきます。

ワンポイントアドバイス
タ（右）タッ（左）・タ（右）タッ（左）
右は軽く短く，左は力強く前へ進みます。腕の振りもリズムを意識して行います。

タ（右）　→タッ（左）　→　　　タ（右）　→タッ（左）

リズムでシンクロギャロップ

対象　全学年
活動　走る・跳ぶ

ギャロップのリズムを手立てにして，ギャロップの動きを友達とシンクロすることをめざす。
シンクロスキップと同様に，グループ活動をするならば，1人がギャロップをし，見ている人は，必ず口伴奏でタタッの声かけをする。口伴奏を全員ができるようになれば，シンクロ開始。シンクロさせる人数を増やしていく。

成功のポイント
〈一斉指導の場合〉
・教師が太鼓や手拍子で統一したリズム伴奏をします。
・リズムに合わせて，ギャロップの動きを全員で行います。

ワンポイントアドバイス
仲間と声をかけ合い，動きを合わせることが楽しい運動です。

立ち幅跳び

対象 全学年
活動 跳ぶ

立った姿勢から両足で踏み切り，跳ぶ。運動の最も基本的な動き。

〈腕の振り〉

跳ぶときは，腕を後方から前方へ振り上げる。

腕を前方から後方に振ったり，腕を振らずに跳び出したりすることのないようにする。

★ワンポイントアドバイス

〈指導の仕方〉

跳ぶ前に，一旦腕を前から後ろに振り子のように引きます。すると，後ろから前へ振り出しやすくなります。

〈伸び上がり〉

斜め前方へ伸び上がるようにして，両足で地面を押す。

足首，膝関節，股関節を伸展させ，跳び出し直後に体が真っ直ぐになるようにする。

★ワンポイントアドバイス

伸び上がれない場合には，かがんだ姿勢から高い位置にあるものをつかむイメージで真上に跳び上がる練習や，台の上から跳び出す練習をします。

〈腕振りと伸び上がりのタイミング〉

伸び上がるタイミングに合わせて，腕を前方に振り出せているか確認する。

成功のポイント

立ち幅跳びは，瞬間的に力を発揮する全身運動なので，陸上運動のどの種目にもつながる準備運動になります。何度も取り組みましょう。

チャレンジ立ち幅跳び

対象 全学年
活動 跳ぶ

立ち幅跳びをチーム対抗で行う。守り手（ターゲット）が先に跳び，その距離を基準にする。その後，攻め手（チャレンジャー）が跳んだ距離に応じて得点されていくゲーム。

チャレンジャーが，相手チームの1名をターゲットに指名する。ターゲットは立ち幅跳びを行い，その距離を基準点（5点）とする。基準点から10cm刻みに点数が増減する。チャレンジャーが立ち幅跳びをし，基準点を越えれば6点～10点，越えなくとも1点～5点を獲得できる。攻守交替をし，新たなチャレンジャーがターゲットを指名する。

〈教具の工夫〉
基準点から10cm刻みに印を付けたものさしを画用紙などで作成しておく。ターゲットの着地地点にものさしの基準点を合わせるだけで，得点がわかる。ターゲットの着地ラインに赤いラインを合わせると，点数がわかる。

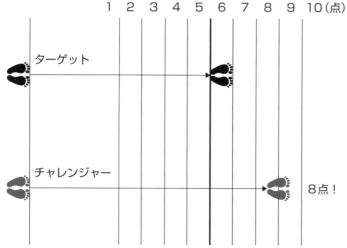

★ **ワンポイントアドバイス**
ただ記録にチャレンジするだけでなく，かけひきも楽しむことができます！

成功のポイント
チャレンジャーはターゲットを指名する際，チームが一度指名している友達は再度指名できないようにします。
相手チームを観察し，チャレンジャーに対するターゲットをどのようにするのかを，チームで話し合う必要性が出てきます。
助走をつけ，走り幅跳びバージョンにもできます。

赤いライン

●スケーターズジャンプ

対象 全学年
活動 跳ぶ

スピードスケートの選手のような低い姿勢で，片足で左右交互にジャンプする。
ラインを2本引いて川をつくる。川に入らないように斜め方向に跳ぶ。
川を越えたらコーンにタッチしながら一旦静止し，次のコーンをめざす。

★ワンポイントアドバイス
足を跳びたい方向へ振り上げると，スムーズに移動できます。
片足で着地したときに，ピタッと止まれるようにします。

成功のポイント
走り幅跳びや走り高跳びの踏み切りで，足を振り上げる動きにつながります。

左足
右足

●ドーンじゃんけん

対象 全学年
活動 走る・跳ぶ

2チームに分かれた陣取りゲーム。
図のように円を描くか，輪を置く。円の中を両足ジャンプして相手の陣地へ進む。
相手チームと出会ったら，両手でドーンとタッチして止まる。
じゃんけんをし，負けたら自陣に戻り，次の人がスタートする。
じゃんけんに勝てばそのまま進むことができる。
相手陣地内に入れば勝ち。

「タッチ！ じゃんけんポン！」

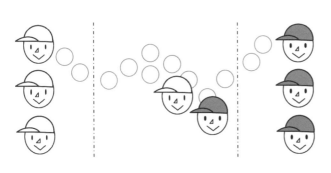

ロープでマイコース!!

対象 低・中学年
活動 走る

ロープに沿って走るためのマイコースをつくる。
20m程度のロープやひもをグループ分用意。スタートとゴールの2か所にコーンを置いておき，ロープでつなぐ。
コーン間のロープの置き方は自由。

成功のポイント

コーンの距離はロープの長さの$\frac{1}{2}$～$\frac{3}{4}$程度にしておきます。
そうすることで，コースを曲げたり，鋭角にしたり，円にするなど，工夫できるようになります。

★ワンポイントアドバイス

各グループのコースを体験し，難しかったところやおもしろかったところ，走り方のコツなども交流します。

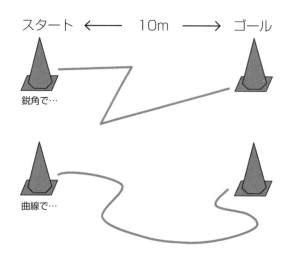

成功のポイント

コースづくりに目的をもたせるために，「スピードに乗れるコース」や「他のグループが楽しめるコース」など，お題を与えることで，新しい発見を引き出しましょう。

●走ってビンゴ！！

対象 中・高学年
活動 走る

スタートから10m離れたところに9マスに区切られたビンゴのマスをつくる。
マスにボールを置き，先にビンゴしたチームの勝ち。
第1～3走者までは，自チームのボールを1球ずつ持ち，マスへボールを置く。
第4走者以降は，マスに置いている自チームのボールを1球選び，必ず違うマスへ置き換えなければならない。

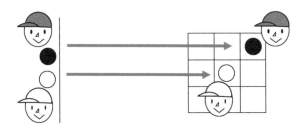
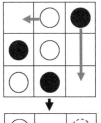
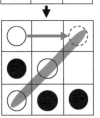

第4走者以降は，矢印のようにボールを動かし，ビンゴをめざします。

成功のポイント
マスまでたどり着くまでのスピードとかけひき，ボールの置き方を判断する思考力も必要です。

●巨大あみだくじ

対象 全学年
活動 走る

あみだくじのように，平行したラインを複数引いておく。
両サイドに分かれ，あみだくじに1人ずつ順番にチャレンジする。
先に全員が相手の陣地に到着すれば勝ち。
相手チームと出会えば，じゃんけんをして，負ければスタートからやり直し。

ワンポイントアドバイス
斜めの線を書かせると，オリジナルコースになります！
線が消えているところはジャンプしましょう。

成功のポイント
50m走で真っ直ぐ走れずに蛇行すると，時間やエネルギーのロスが大きくなります。直線のラインを活用し，真っ直ぐ走ることの感覚づくりをしましょう！

●スタンドコーン

対象 中・高学年
活動 走る

10個程度の三角コーンを配置する。
コーンを倒すチームと起こすチームに分かれる。（メンバーは１～３人がよい。）
20秒の制限時間終了時に倒れている（起きている）コーンの数が得点となる。
コーンを倒す方に有利に働くため，前後半で交代し，合計得点で勝敗を決める。

①

「よーいドン！」

②

倒すぞ！
起こすぞ！

③

④ どっちが多いかな？

★ワンポイントアドバイス

たった20秒×２で息をあげ，心と体が弾みます。
メンバーを組み変えながら行います。

成功のポイント

敏捷性，持久力，移動時のステップの踏み方，どのコーンへ向かうかの判断力，チーム戦の連携プレーが必要です。
実態に応じて，コーンの数，制限時間を変えるとよいですね。

● かぜになろう！

対象 全学年
活動 走る

すずらんテープなどの軽量のテープを用意。
子どもの帽子や首元に，ダブルクリップやせんたくばさみなどでつける。
走り出すと，写真のようになり，地面につかないように走る。
円のコースや，直線のロングコースなど，場を用意する。

成功のポイント
減速すれば，テープが地面につくので，カーブや直線の走りを比較することもできます。

★ワンポイントアドバイス
様々な長さのテープを用意して，どれだけ長いテープをなびかせられるかにチャレンジするのもおもしろいです。

● ベルトコンベアー

対象 中・高学年
活動 走る（リレー）

スタートからゴールまで早くバトン（バトンに見立てた物でもよい）を回す競争。
バトンを持った人は，バトンを受けた位置から移動できない。
バトンを次に渡せば，列の先頭に移動できる。
「右手から右手」「右手から左手」など，いろいろな渡し方でやってみる。

★ワンポイントアドバイス
①距離をあける。
②受け渡しのタイミング。
③進行方向を向いて渡す。
などがポイントです。

成功のポイント
バトン渡しの基本を，活動の中で子どもたちが考えられると，リレー学習につながります。

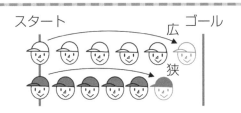

右手から右手

かぜになろう！（2人リレーver）

対象 高学年
活動 走る（リレー）

2人1組でリレーをする。2人ともすずらんテープをつけ，2人ともテープをなびかせた状態でバトンパスをする。

テープはしっかり走らないと地面についてしまう長さ（3m以上）にする。

第2走者は，スタート地点から10mの位置でスタンバイ。第2走者は，第1走者のスタート後ならどう動いてもよいが，30m地点を過ぎるまでにバトンパスを完了する。

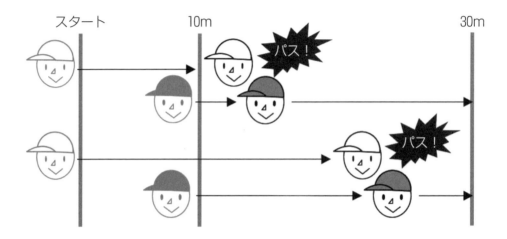

★ワンポイントアドバイス

第2走者が第1走者のスタートを見計らって走り出し，第1走者もバトンパスでスピードをゆるめなければ，両者のテープはなびいています。

成功のポイント

この課題から学べる，リレーにおけるよいバトンパスの方法は，次の2点です。
①第1走者はスピードに乗っている状態でバトンを渡す。
②第2走者もスピードに乗りながらバトンをもらう。
条件を満たせるように，2人は走りの中で間合いを計らなければなりません。特に第2走者の走り出しのタイミングは重要になります。

成功のポイント

リレーについて学習をしていないと，第2走者がその場で待ち構え，ほぼ立ち止まったままバトンをもらう様相になります。これでは，スムーズなバトンパスとは言えません。よりよい方法を，バトンパスをするときの位置・2人のスピード・2人の間隔に着目して，学習していきましょう。

◯ 変形ダッシュ

対象	全学年
活動	走る

手を叩く合図に反応して，20m程度の距離をダッシュする。
スタートの姿勢をいろいろな姿勢にする。
低い姿勢ならどんなポーズでもOK！

〈スタートの姿勢の例〉

成功のポイント

加速局面をねらいとしています。
低い姿勢から短い距離で一気に加速してゴールする力を高められます。
競争にしても楽しいですね。

◯ チャレンジシャトルラン

対象	中・高学年
活動	走る

スタート地点から，15m～25mの間にコーンをいくつか並べる。
10秒以内でコーンをタッチして戻ってくる。
例えば15mで3点，20mで4点，25mで5点とする。
10秒以内にスタート地点に戻れば，得点を倍にするなど，ボーナスをつける。
時間に間に合わなくとも，その距離が自分の得点となる。

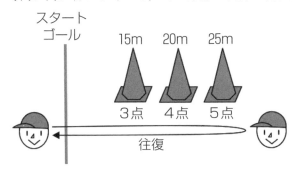

成功のポイント

制限時間があることで，一気に加速し，ゴールまでに走りきるようになります。
チーム対抗にすれば，合計得点で勝ち負けをつけることができます。
時間や距離，得点の設定方法は，子どもに合わせて決めてください。

3 陸上領域

●合図に合わせて右向け右！

対象 中・高学年
活動 走る

これまで紹介してきた様々な種目に取り組み，それぞれの理解と技能が深まっていれば，短時間でより多くの種目を取り入れて準備運動をすることもできる。種目をサーキットのように散りばめ，たくさんの種目を取り入れる方法もあるが，ここでは，グループで動きを見合い，動きを合わせて，深められる取り組みを紹介する。

スキップ，バウンディング，サイドステップ，バックラン，ギャロップなどの中から，子どもの理解度が高い種目を4つ決める。4つの種目＋ダッシュの計5種目を合図に合わせて種目を変え，ゴールをめざす。種目が変わるとき，90度右（あるいは左）に向きを変える。合図ごとに方向転換をし，4度目の笛でスタート時と同じ向きに戻るので，ゴールラインまでダッシュする。

〈3人組でシンクロ〉
スタート地点に横一列になった状態でスタートし，上記のように4度方向転換してゴールするまでを，3人の動きをシンクロさせて取り組む。

成功のポイント
一度にたくさんの種目を取り入れられ，短時間に運動量も確保できます。
動きをそろえていく過程で他者のみならず，自分の動き方に意識を向けることができます。

ワンポイントアドバイス
合図ごとに，横一列から縦一列へ，縦一列から横一列へとピシッと決まり，かつ，より大きな四角を描くことができればOK。

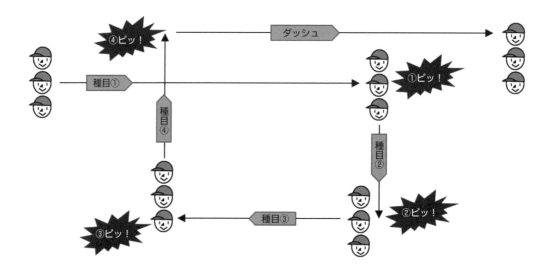

子どもが教えてくれたこと

　低学年の授業，「縄跳びを使って準備運動をしよう！」子どもたちは大盛り上がりです。その中に，縄をグルグル回してクラスの輪に入ろうとしない子どもが1人いました。「どうしたの？」と声をかけると「おもしろくない！」と一言。授業が終わるまで，その子どもがクラスの輪に入ることはありませんでした。

　「自分勝手だ！」とその子どもを指導しましたが，子どもがポツリと一言，「何をしてよいかわからない」。まさに，青天の霹靂でした。そのとき初めて，自分が子どもにわかるように準備運動について伝えきれていなかったのだと気づかされました。私は，ただ「これをするよ！」と子どもたちに活動を投げかけていただけで，子どもたちがどのように運動を行っているのか，きちんと見ることができていなかったのだと思います。それどころか，「子どもたちは楽しそうに活動しているな」と，満足すらしていました。

　次の授業では，説明を事前にきちんと考え，子どもがわかりやすいような場の準備を行い，個別に補足や励ましの声かけをたくさん行いました。

　準備運動終了後，輪に入ることができなかった子どもは，肩で息をしながら楽しそうな表情を浮かべていました。

　約5分間という短い時間だからこそ，教師のマネジメントと子どもへの声かけがいかに大切かを学ぶことができたように思います。

4 器械運動領域

器械・器具を使っての運動遊びは、「固定施設を使った運動遊び」「マットを使った運動遊び」「鉄棒を使った運動遊び」「跳び箱を使った運動遊び」で内容を構成し、器械運動は、「マット運動」「鉄棒運動」「跳び箱運動」で内容を構成しています。これらの運動は、技を身につけたり、新しい技に挑戦したりするときに楽しさや喜びを味わうことのできる運動です。ここでは、器械運動系につながる準備運動を紹介します。

器械運動の授業を成功させる！
導入5分の組み立て方

器械運動とは……

学習指導要領解説からポイントチェック

低学年の「器械・器具を使っての運動遊び」の内容は，「固定施設を使った運動遊び」「マットを使った運動遊び」「鉄棒を使った運動遊び」及び「跳び箱を使った運動遊び」で構成し，中・高学年の「器械運動」の内容は，「マット運動」「鉄棒運動」及び「跳び箱運動」で構成されています。これらの運動は，いろいろな動きに楽しく取り組んで，自分の力にふさわしい動きを身につけたり，新しい技に挑戦したりするときに楽しさや喜びを味わうことのできる運動です。また，より困難な条件の下でできるようになったり，より雄大で美しい動きができるようになったりする楽しさや喜びがあります。

組み立て方のポイント

器械運動は，「できる」「できない」がはっきりした運動です。すべての児童が技を身につける喜びを味わうことができるようにしたいものです。技能に応じた技を選んだり，場や補助具を活用して取り組んだりすることが必要です。準備運動では，「できる」ための基礎感覚を養う運動を存分に取り入れましょう。しかし，ただ反復させるだけではなく，一人一人が自己の課題をもって工夫しながら取り組み，仲間で互いに励まし合い，助け合って，学習を進めることができるように組み立てていきましょう。

● 動物進化じゃんけん

対象	全学年
活動	マット・跳び箱

動物の動きで移動しながら出会った友達とじゃんけんし，勝ったら次の動物に進化していく。
はじめは全員アザラシから行う。
同じ動物とじゃんけんし，勝ったら進化。負けたら同じ動物のまま。

　　　アザラシ→クモ→ウサギ→クマ→にんげん

にんげん同士で勝ったらゴール。（ステージに跳び乗りなど，工夫する。）

[アザラシ]
　足を引きずって，腕の力だけで進む。

[クモ]
　仰向けで背面に両手両足をついて，移動する。

[ウサギ]
　両手・両足をそれぞれセットで交互に動かす。

[クマ]
　両手のひらと両足の裏をついた4足歩行をする。

[にんげん]
　歩く・スキップ・ジャンプなど自由に選ばせてもよい。

> **成功のポイント**
> 十分な広さを確保して，動物歩きで移動する距離を取るとともに，安全に活動できるようにしましょう。
> 各動物1人ずつが負け残ってしまうので，負け続けではなく最後は「アザラシの王様！」など楽しく終われるようにします。

● 動物おにごっこ

対象	全学年
活動	マット・跳び箱

チームに分け，それぞれ違う動物になる。
（例：ウサギ vs クマ）
追いかける方も逃げる方も，指定された動物歩きで動く。
タッチされたら，おにの動物に変身する。

> **ワンポイントアドバイス**
> いろいろな動物になって動くことで，器械運動につながる基礎感覚を養います。

> **成功のポイント**
> 場の広さと周囲の安全に気をつけて行いましょう。
> 教師は全体を見渡せる位置で指導しましょう。
> 「どの動物になっているか，他の人が見てもよくわかるようになりきろう」と声かけをすることで，腰の位置が高くなったり，大きくジャンプしたりと，ねらう動きを引き出すことにつながります。
> 上手にできている児童を見せて紹介するとよいですね。

◯いろいろゆりかご①②③

対象	低学年
活動	マット

はじめの姿勢・着手の仕方・膝の伸ばし具合・腰の開き具合・終わりの姿勢などを変えることで，いろいろなマット運動につながる感覚を経験させることができる。

①シンクロゆりかご
・横並びに構えて転がり始めと終末のタイミングを合わせる。
・グループでかけ声を合わせ，動きをそろえる楽しさを味わわせる。

ワンポイントアドバイス
「せーの！ くるりんぱ！」
などと声をかけて行います。

成功のポイント
終わりのポーズを決めたり，見合う活動を取り入れたりしてもよいですね。

②ゆりかごタッチ
2人組になり，対面で構える。タイミングをそろえてしゃがみ立ちまで起き上がり，お互いに手と手をタッチする。

ワンポイントアドバイス
ぶつからないように注意！
手を伸ばして立ち，はじめの位置を確かめます。

成功のポイント
うまくタイミングや動きを合わせると，何度も連続でできるようになります。

③連結ゆりかご
お互いに腕を組み合いながら行う。

ワンポイントアドバイス
声をかけて，起き上がるタイミングとスピードを合わせます。

成功のポイント
回数や人数を増やしていくと難易度も上がります。

◉ いろいろな転がり

対象 全学年，特に低学年
活動 マット

いろいろな転がり方をして楽しむ。
①お芋ごろごろ……ばんざい姿勢で横に転がる。

★**ワンポイントアドバイス**
体をしっかりと伸ばし，できるだけ真っ直ぐ転がります。

成功のポイント
手足の先を浮かせながら行うと，締めの感覚を得られます。

②連結して

★**ワンポイントアドバイス**
うまく転がるには，2人の回転する動きを合わせることが必要です。

成功のポイント
手と手で連結や手と足で連結。
上下をずらして組んでもできます。

③丸太運び

★**ワンポイントアドバイス**
下の人が動きを合わせて転がると，上の人が運ばれていきます。

成功のポイント
上に乗る役も，少し反り身にしておくと，下の丸太役がスムーズに転がれます。
体格をそろえておく必要があります。

● だるま回り

対象	全学年
活動	マット・跳び箱

〈基本形〉

足を持ち，肩や背中をついて回り，3回で元の体勢に戻る。

成功のポイント

〈条件追加例〉
・素早く転がろう。
・できるだけゆっくり転がろう。
・止まらないで転がろう。
・手で足を持たないでやってみよう。
・腕と膝を伸ばして，大の字でやってみよう。
・反対回りでやってみよう。
・4回転がって戻ってこよう。
・5回転がって戻ってこよう。

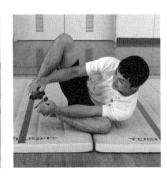

★**ワンポイントアドバイス**

体を丸め，ゆらゆらした動きを楽しみます！

● シンクロ背支持倒立

対象	全学年
活動	マット・跳び箱

ペアやグループで動きのタイミングを合わせる。数秒間キープしたり，足を上げた状態で足を動かしたりする動きをシンクロさせる。

★**ワンポイントアドバイス**

おしりを締めて，肩・腰・足を真っ直ぐにします。

成功のポイント

〈条件追加例〉
・両腕を伸ばし，背面で腕をマットに押しつけて。
・腕を挙げ，バンザイの姿勢で。
・逆「気をつけ」姿勢で。
・仰向けから合図に合わせて素早く。
・つま先を下ろし，頭のすぐ上のマットにタッチして戻す。

◯ゆりかごキャッチボール

対象	全学年
活動	マット

互いに長座で向き合う。一度後ろに転がってゆりかごの要領で起き上がり，サッカーのスローインのように勢いよくボールを投げる。

★ワンポイントアドバイス

足の振りを上手にボールに伝え，腕を伸ばして投げます。
より遠くに投げるためには，全身をうまく使うことが必要となります。

成功のポイント

少しずつ2人の距離を広げて挑戦してみましょう。
投げ合う方向を指定し，安全な距離をとる場をつくります。
失敗せずに何連続でできるか，ゲーム化してみましょう。

◯足運びリレー

対象	全学年
活動	マット

どちらのチームが早くボールなどを運べるか，チーム対抗で競う。
縦に仰向けに寝て並び，足でボールなどを挟んで受け渡す。
手は使用禁止。

★ワンポイントアドバイス

動きを調整して，相手が受けやすいよう，ピタッと止まって渡すことが大切！

成功のポイント

渡すものをダンボール片や赤白帽子などにすると，難易度を調節できます。
写真とは逆方向（腰を曲げて受け取り，伸ばして渡す）に進むこともできます。

● マットじゃんけん

対象	全学年
活動	マット

「最初はグー，じゃん，けん，ぽん」のかけ声に合わせて，じゃんけんをする。
最初はグー…その場跳び3回（さいしょはグー）下線で着地する（両足踏切の意識づけ）。
じゃん…しゃがむ　けん…かまえる　ぽん…足の形をわかりやすく示す。

グー

チョキ

パー

成功のポイント

学年やレベルに合わせて，始め方や終わり方を変えて行います。
ゆりかごから ・おしりをついたまま・おしりを上げて・しゃがみ立ちで
前転から ・立位で（グーは気をつけ・チョキは前後に・パーは開脚前転）

● カエルの足打ち競争

対象	全学年
活動	マット・跳び箱

両腕でしっかりと体を支え，両足で踏み切って腰を高く上げる。
浮いた足の裏や側面を，着地までに何回打ち合わせられるか。

ワンポイントアドバイス

腰を高く上げ，両足で踏み切ります。
手と手の間を見ることがポイントです。

成功のポイント

前方に倒れても安全なように，マットの中央部で行います。
慣れてくれば，だんだん足が上がって，倒立に近い姿勢になります。
1回のチャレンジで何回打てたか，一定時間に全部で何回打てたかといった回数を競うと盛り上がります。

ぴょんぴょんじゃんけん

対象	全学年，特に低学年
活動	マット・跳び箱

教師対子どもでやる王様じゃんけんの足バージョン。
教師の出す「いっせーのーで」のテンポを真似して，「<u>さ</u>〜い，<u>しょ</u>〜は，<u>ぐ</u>ー，じゃ〜ん，け〜ん，<u>ぽん</u>」の下線部に，着地を合わせる。ぽんでグー・チョキ・パーを足で表す。

★ワンポイントアドバイス

ゆっくりのテンポでは膝を使って高く跳びます。
早いテンポでは，つま先で素早く跳びます。

成功のポイント

ジャンプの高さや速さのコントロールを身につけることができます。
ゆっくりのテンポでは，空中で足の形を変えることもできるので，後出しじゃんけんでも楽しめます。

ブリッジくぐりリレー

対象	全学年
活動	マット

①4，5人のグループ対抗戦。
②くぐり役は，ブリッジをしている下をくぐり終わったらブリッジ。
③交代しながら素早くゴールをめざそう。

★ワンポイントアドバイス

くぐり役はなるべく小さく。ブリッジ役は通りやすいように高く上げます。

成功のポイント

ブリッジを高い姿勢でキープする意識が身につきます。
下向きのクマのような姿勢でも楽しめます。
ブリッジでは交代のタイミングがわからないので，事前に合図を決めさせておきます。

◯ 手押し車リレー

対象	全学年
活動	マット・跳び箱・鉄棒

手押し車でリレーをする。5m程度の折り返しコースにし，折り返し地点で持つ人を交代する。

ワンポイントアドバイス

2人の進むタイミングを合わせます。持つ人はあわてない！
体を支える動きにつながります。

成功のポイント

膝上＜膝＜足首と，持つ位置を変えることで負荷を変えることができます。
レースとして急ぎすぎると前につんのめる危険があるので注意しましょう。
→「いち，に，いち，に」といっしょにタイミングを合わせて行いましょう。
後ろに進む動きもおもしろいです。
途中でマットを敷いて乗り越える，コーンのスラロームをかわすなど，コースに変化をつけてもよいですね。

◯ 手押し車じゃんけん

対象	全学年
活動	マット・跳び箱・鉄棒

手押し車の下の人同士，片手でじゃんけんをする。
勝ったチームが2人とも持つ人に，負けたチームが2人とも下の人になり，ペアをシャッフルして，次々とじゃんけんしていく。

ワンポイントアドバイス

じゃんけんの瞬間，片手でバランスをとるため，難易度が上がります。

成功のポイント

入り混じった中でペア交代などを行うため，広い場所を確保し，周囲の安全に留意しましょう。
負荷の大きな活動なので，長時間の活動には注意しましょう。

第2章 領域別で選べる！導入5分の「準備運動」全部紹介！

● 着地ピタゲーム

対象 全学年
活動 マット・跳び箱

跳び上がって，着地で3秒間動かずにポーズをとれたら成功。
成功数や，美しさで競う。数人でシンクロすることもできる。

> ★ **ワンポイントアドバイス**
> 「どうすればピタッと止まれるかな？」の発問から，コツの交流につながります。

〈条件の組み合わせ例〉

場の設定	・その場で跳んで ・台に跳び上がって ・跳び箱からマットへ跳び下りて（前向きに・後ろ向きに） ・舞台からセーフティマットへ跳び下りて（前向きに・後ろ向きに） ・踏切板・ロイター板で障害物を跳び越えて ・ロイター板で頭上の目標にタッチして ・フープなどで着地地点を指定して
空中姿勢	・体を伸ばして ・体を反らせて ・足を抱え込んで ・つま先に触って ・体の向きを半回転させて ・体の向きを一回転させて ・みんなで決めたポーズで
着地姿勢	・直立姿勢で ・少し膝を曲げて ・しゃがみ込んで ・忍者のように片膝を立てて

●セーフティマットフラッグス

対象 低学年
活動 跳び箱

セーフティマットに置かれたマーカーを素早く取る。
①縦長に置いたセーフティマット上に赤白玉などの目標物を置く。
②合図に合わせてセーフティマットへ跳び込む。
③先に目標物に触った人の勝ち。

★ワンポイントアドバイス
(1)立ち幅跳びのように両足踏切
(2)高いところから着地→両足踏切
(3)助走から両足踏切少しずつレベルアップ！

成功のポイント
1つのものを複数で取り合うのは危険です。1人で楽しむ→人数分の場をつくって競うようにするとよいでしょう。
目標物を遠目に置くと，回転してしまうのを防ぐことができます。
セーフティマットの向こうにもマットを敷いておくなど，安全面に注意しましょう。
スタートの姿勢をいろいろ変えてやってみましょう。

◯いろいろ馬跳び①②③

対象	全学年
活動	跳び箱

跳び越し方，着地のポーズ，回数などを楽しむ。

〈手をつかずに跳び越す〉

☆馬は跳ぶ人の力量に合わせて姿勢（高さ）や向き（縦横）を変える。

◯手を使わずに跳び越す。
・片足ずつまたぐ
・両足で踏み切り
・かかえ込み・開脚姿勢
・半分ひねりながら

★**ワンポイントアドバイス**

〈子どもたちへの声かけの例〉
「着地をピタッと決めよう！」
「ポーズも考えよう！」

〈手をついたまま跳び越す〉

①ペアの両肩に手を置き，両足踏切で連続横跳び。

②開脚跳び。

★**ワンポイントアドバイス**

〈子どもたちへの声かけの例〉
「連続でリズムよく！」
「手で力強く背中を押そう」
「馬は頭を入れてふんばろう」

成功のポイント

馬が横向きの開脚跳びが安定してできるようになったら，発展として「馬を縦向きに」→「2人を跳び越す」にすることもできます。
2人のときは，奥の人に手をついて跳びます。
時間内に何回跳べたかをゲーム化してもよいですね。

器械でどんじゃん

対象	全学年
活動	遊具・マット・鉄棒

いろいろな器械や遊具でどんじゃんをする。
器械の両端からスタートしてじゃんけんをし，負けたら下りて並び直す。
相手のスタート地点までたどり着いたチームが勝利。

〈タイヤ〉
・馬跳びで
・タイヤの上を跳び渡って

〈マット〉
・動物歩きで
・手押し車で

〈低鉄棒〉
・つばめの姿勢から横歩き
・腰掛け姿勢で横移動

〈うんてい・高鉄棒〉
・言葉でじゃんけん
・足でじゃんけん
・片手を離して手でじゃんけん

成功のポイント
負けた人の通るルートも決めて，安全に取り組みましょう。

平均台で並び替えゲーム

対象	全学年
活動	平均台

4，5人のグループで平均台に乗る。誕生日・身長・出席番号など，お題に合った並び順に，平均台から落ちないように並び替える。
平均台が複数あれば，チーム対抗でもよい。

ワンポイントアドバイス
お互いに，どうすれば並び替わりやすいか考え，声をかけ合いながら移動！

成功のポイント
姿勢をコントロールするという力を養うことで，マットの水平立ちや，跳び箱の着地などにつながります。
下にマットを敷く，跳び箱の1段目をつないで幅を広くするなど，安全に配慮した場を設定しましょう。

●地蔵倒し

対象	全学年，特に高学年
活動	体の締め

1人が体を棒のような姿勢で保ち，もう1人が支えながら倒したり起こしたりする。

①背中から倒れる。

★ワンポイントアドバイス
相手を信頼しておへそを突き出した姿勢で倒れます。

成功のポイント
姿勢をなるべく真っ直ぐ保ち，倒れたり起き上がったりすることで，倒立などでの姿勢保持の意識につなげます。
不安な場合は補助者を複数にしましょう。
少しずつ補助者との距離を離していきます。

②仰向けから持ち上げる。

★ワンポイントアドバイス
腹筋をしっかり意識します。
おへそを突き出した姿勢でキープします。

成功のポイント
①に不安のある場合に有効です。足を支えて背支持倒立の姿勢まで持ち上げ，ゆっくりおろします。

③仰向きでセーフティマットに倒れ込む。

★ワンポイントアドバイス
おへそを突き出すように，真っ直ぐのまま倒れます。体がぐにゃと曲がらないように気をつけます。

成功のポイント
上を向いて体を真っ直ぐ保って倒れると，大きな音が鳴るので，音でセルフチェックもできます。

◯ じゃんけん開脚ゲーム

対象 全学年，特に低学年
活動 柔軟性

①2人組になって手でじゃんけんをする。
②じゃんけんで負けたら一足長分，左右に足を開く。
③最終的に足の裏以外が床についたら負け。

★ワンポイントアドバイス
どこまで足を開くことができるのか，自分の体を知るきっかけにもなります。

成功のポイント
前後開脚で取り組むこともできます。
勝ったら足を戻してもよいなどのルールを追加してもよいですね。

◯ 人運びリレー

対象 高学年
活動 体の締め

①乾いたぞうきんの上に長座で座る。
　座った人の足をペアが持ち，ゴールまで引きずっていく。

★ワンポイントアドバイス
背中が床につかないようにするためには，腹筋に力を入れることが大切になります。

②体操棒の両端を2人で水平に支える。
　水平な体つくり棒に，1人が鉄棒のダンゴムシのようにぶら下がる。
　ぶら下がっている人の足が床につかないようにしながらリレーする。

成功のポイント
棒の強度を確かめておきましょう。
腕を伸ばして，「つばめ」の姿勢で行うこともできます。
持つ人を増やすなど，安全に留意しましょう。

◉ だんごむし競争

対象	全学年
活動	鉄棒

鉄棒に「だんごむし」の姿勢でぶら下がる。
先に足を地面についてしまうか，肘が伸びきってしまったら負け！

★ワンポイントアドバイス

おなかにしっかり力を入れると，固定されやすくなります。

成功のポイント

〈条件追加例〉
・持ち方を変えてみよう！　順手・逆手
・鉄棒に触れてみよう！　①額→②鼻→③顎でレベルアップ
・足の形を変えてみよう！　かかえ込み・長座
できない子にはふとんほしすることで3秒OK！などのルールを追加します。

◉ 振り飛び競争

対象	全学年
活動	鉄棒

身体を大きく振り，その勢いと押し離す力で遠くに飛び出す。
自分の結果は，地面に足で線を引いておき，より遠くに着地できたら勝ち。

とぶ→

★ワンポイントアドバイス

〈声かけの例〉
「体を大きく振ると遠くに飛べるよ」
「後ろに着地する方がやりやすいよ」
「着地をピタッと！」

成功のポイント

のぼり棒でもできます。
飛行機飛びといった新しい技の開発へとつながっていくと，鉄棒ブームが起こります！

若かりしころの失敗

　教職2年目のことです。体育の授業でゴール型ゲームの授業を行いました。パスに課題があったので，単元を通してパスゲームを行うことにしました。単元のはじめのころは，淡々とこなすだけだった子どもたちが，単元後半になるとそのパスゲームを楽しむようになってきました。回数を数える声を出す子がいたり，アドバイスをする子が出てきたり，休み時間に練習したりする子も出てきました。子ども同士のつながりが見られたので，このゲームを取り入れてよかったなと思っていました。しかし，ある時間に子どもがこんなことを言いました。「先生。このパスゲームでどの班にも負けたくないので，作戦タイムが欲しいです！」「あ～悔しい。もう1回やろ，先生」やる気があるなとうれしく思い，了承しました。結局，この1時間で4回もパスゲームを行います。

　しかし，「いよいよメインのゲーム！」とスタートすると，先ほどの盛り上がりは嘘のように盛り下がっていきます。楽しくつながれる準備運動。授業の学習内容につながる準備運動。そんな準備運動の本当の意味を理解しておらず，ただ楽しい雰囲気のみに流されてしまった……。若かりしころの大失敗でした。

5 表現領域

表現運動は，自己の心身を解き放してリズムやイメージの世界に没入してなりきって踊ることが楽しい運動であり，互いのよさを生かし合って仲間と交流して踊る楽しさや喜びを味わうことができる運動です。ここでは，表現運動につながる準備運動を紹介します。

表現の授業を成功させる！
導入5分の組み立て方

 表現運動とは……

> **学習指導要領解説からポイントチェック**
>
> 表現運動系は，低学年を「表現リズム遊び」，中・高学年を「表現運動」で構成しています。表現リズム遊びは，「表現遊び」「リズム遊び」で内容を構成しています。これらの運動は，身近な動物や乗り物などの題材の特徴をとらえて，そのものになりきって全身の動きで表現したり，軽快なリズムの音楽に乗って踊ったりして楽しむことができる運動遊びです。また，表現運動は，中学年を「表現」「リズムダンス」で，高学年を「表現」「フォークダンス」で内容を構成しています。これらの運動は，自己の心身を解き放して，リズムやイメージの世界に没入してなりきって踊ることが楽しい運動であり，互いのよさを生かし合って仲間と交流して踊る楽しさや喜びを味わうことができる運動です。

 組み立て方のポイント

表現運動では，踊りの楽しさや喜びに十分に触れていくことがねらいとなります。そのためには，子どもたちが世界観に浸り，自らの体と心をひらいていけるようにすることが最も大切です。題材や音楽などを子どもたちの願いに沿ったものを選ぶとともに，多様な活動や場を工夫して，一人一人が楽しく運動に取り組めるようにしていきましょう。仲間とかかわり合いながら楽しく踊る体験が，子どもたちの体と心をひらきます。準備運動から，仲間とともに動きを耕す場面を多く設定していきましょう。

◯ しり文字

対象	低学年
活動	動きを広げる・イメージを広げる

文字通り，おしりを使って文字を描く。
お題をリーダーが出したり，しり文字をする側がクイズ形式にしたりする。

ワンポイントアドバイス
「止め」「ハネ」「はらい」。大げさに動かすことが，伝えるコツ！

成功のポイント
罰ゲームの雰囲気にならないように，楽しくやりましょう。
しり文字で「しりとり」も盛り上がります。
教師も率先してお手本を見せましょう！

◯ もじモジづくり

対象	低学年
活動	動きを広げる・イメージを広げる

寝転んで，イメージした文字を体で表現する。
ペアやグループをつくる，帽子や靴の使用も認めるなどの約束事を追加してもよい。

ワンポイントアドバイス
全身を大きく使います。
カタカナや数字から始めるとわかりやすいです。

成功のポイント
仲間といっしょに言葉を表現したり，難しい漢字にチャレンジしたりしても盛り上がります。
最後にはクラスみんなで1つの文字をつくるのもよいですね。

○ スポット踏み

対象 低・中学年
活動 リズムに合わせる

スポットを自分の前に2枚並べる。リズムに合わせて，右足や左足で踏む。
「1・2・3・4」とリズムをとり，1と3や2と4のところで踏むようにするなどの約束事を決めておく。

ワンポイントアドバイス
ポーズを決めたり，手拍子したり，楽しい雰囲気で行います！

成功のポイント
みんなで声をかけ合いながら，リズムよく片足ずつ踏み出します。
慣れてきたら音楽に乗せて行ってもよいですね。
クロスで踏んだり，片足，両足を混ぜたりすることもできます。

○ スポット踏み2

対象 低・中学年
活動 リズムに合わせる

スポット4枚になる（前に2枚・後ろに2枚）。リズムに合わせて4枚のスポットを踏む。
「前，前，後，後」「右足，右足，左足，左足」などの約束事を決めておく。
片足ずつ踏んだり，両足で踏んだりする，手の動きもつける，など。

ワンポイントアドバイス
合いの手や手の振りもつけることで楽しい雰囲気になります。

成功のポイント
音楽に乗せてチームで振付を考えたり，みんなで動きを合わせたりしてもよいですね。
グループごとのコンテストを開くとやる気につながります！

不思議な作品

対象 中・高学年
活動 動きを広げる・イメージを広げる

1人（班）が人形のようになり，じっとしておく。もう1人（班）が彫刻家になり，出されたテーマのイメージに合うように，人形役の体を自由に動かして作品をつくる。
人形役と彫刻家役は交代して行い，最後に鑑賞会を行う。

ワンポイントアドバイス
互いの体を動かして，日常ではしないポーズでかたまります。
完成を見ると笑顔が広がります。

成功のポイント
仲間に操ってもらうことで，非日常の体の使い方を経験します。表現力が高めるきっかけにもなります。
見合いっこ（鑑賞会）をすることが大事！
お互いの作品を見合うことで，動きやイメージの幅を広げることができます。

エアスポーツ

対象 全学年
活動 動きを広げる・イメージを広げる

スポーツの動きを表現する。繰り返したり，誇張したりする。
一連の流れ（ひと流れ）の動きにする。
アクション→リアクションの動きを考える。
〈例〉
・投げる→受ける・打ち合う
・シュート→止める・アタック→ブロック

成功のポイント
道具を使わずに，目線の動かし方や表情，体の使い方により，いかにもスポーツをしているかのように表現します。
グループで表現しても盛り上がります。
速く動く⇔ゆっくり動く，動く⇔止まる，強く⇔弱く，などの対応する動きを使うことにより表現力が広がります。

音楽に乗って♪

対象 全学年
活動 リズムに合わせる

音楽を BGM として体を動かしたり，床の状態を変化（イメージ）させたりして運動させる。

★ **ワンポイントアドバイス**

多様な動きを連続的に行うことができるのがポイント！

成功のポイント

〈声かけの例〉
指示「床が氷に変化したよ〜!!」→すべる（スケートのようなイメージ）
指示「床がすごく熱くなったよ〜!!」→はねる
指示「床がベトベトになったよ〜!!」→ゆっくり体を動かす
指示「床が斜めになったよ〜!!」→落ちそう

スキップ遊び

対象 全学年
活動 リズムに合わせる

音楽（笛・太鼓）に合わせて，1人でスキップする。
音楽（笛・太鼓）が止まったら出会った人と足じゃんけん。
音楽（笛・太鼓）に合わせてスキップ→止まったら足じゃんけんを繰り返す。

成功のポイント

ペアで手をつないで移動したり，ケンケンで移動したりしてもおもしろい。
勝ち残り戦にすると盛り上がります。

● リズムジェスチャーしりとり

対象 全学年
活動 リズムに合わせる・イメージを広げる

1人ずつ順番にリズムに合わせてジェスチャーをしながら「しりとり」をする。

成功のポイント

自分の順番が来るまでリズムに乗って体を動かします。
友達の動きを見ておき，自分の番が来ればジェスチャーをします。
うまくしりとりになっていればOK！

ゴリラ

ラッパ

ダチョウ

パンダ

ウサギ

★ ワンポイントアドバイス

即興的に動いたり，リズムに合わせて動いたりします。
心と体を開放することにつながります！

● 人間と影

> 対象 全学年
> 活動 動きを広げる・模倣

影役は，人間役（リーダー）の後ろに並び，影のように動きを真似する。

成功のポイント
リーダーは交代しながら行います。
だんだん人数を増やしていくのもおもしろいですね。

ワンポイントアドバイス
本当の影のようにぴったり動くことが楽しい運動です。

● 鏡遊び

> 対象 全学年
> 活動 動きを広げる・模倣

人間役と鏡に写った人役を決める。向かい合い鏡ふきをしたり，鏡の前で踊ったりする。鏡役は真似する。

成功のポイント
「人間と影」と違い，向かい合って行います。
合図とともに，鏡役が入れ替わると盛り上がります。

ワンポイントアドバイス
本当の鏡みたいにぴったり動きを真似することで，自然と笑顔が広がります。

●ジェットコースター

対象 全学年
活動 イメージを広げる・巧みな動き

２人組やグループをつくる。
前の人の肩を持ち，前の人に続けてジェットコースターを表現する。

「だんだんのぼっていくよ」

「落ちていくよ」

「左に曲がるよ」

「右に曲がるよ」

「一回転だ」

★ワンポイントアドバイス

ちぎれないようにみんなで１つのジェットコースターになることで，一体感も生まれます。

成功のポイント

実際に走り回るのではなく，動きや表情で速さや傾きを表現させます。
じゃんけん列車のように後ろに長くなっていくのもよいですね。
応用編として，
・ゾウやキリンなど１つの動物になる。
・４人で長いヘビをつくる。６人で龍になる……。
などが考えられます。

○○になろう

対象	全学年
活動	イメージを広げる・即興的に表現する

リーダーの指示のもと，○○になりきる。
〈例〉「今日は，新聞紙になろう」
　　　「先生の持っている新聞紙になって体を動かそう」
・新聞紙をひらひらさせたり，丸めたり，くしゃくしゃにしたりする。

成功のポイント
○○には，新聞紙，ぞうきん，たこ焼きやお好み焼き，絵筆（教師）と絵具（児童）などを入れることができます。

米作り

対象	高学年
活動	イメージを広げる

現代の米作りではなく，手作業で行っていたころの農家の人やお米になりきって教師の指示に合わせて体を動かす。

〈農家の人〉
田を耕す→たねまき→田植え→稲刈り→脱穀

〈稲〉
芽が出て→成長して→稲穂が実る

成功のポイント
腰を落とす姿勢で後ろ向きに進んだり，地面が泥であることで動きにくいことを指示します。稲がだんだん生長し大きくなり，稲穂が実るところを表現します。

第2章　領域別で選べる！導入5分の「準備運動」全部紹介！

◯ロンドン橋落ちた

対象 低学年
活動 リズムに合わせる

輪になり，リズムにのって，回る。
歌いながら，手拍子を入れたり，考えた振りを入れたりして輪を回る。
「ロンドン橋落ちた，落ちた，落ちた，ロンドン橋落ちた，[さぁどうしよう]」
の□□□のところに違う歌詞を入れて行う。

★ワンポイントアドバイス
〈歌詞の例〉
「右手を上に！」
「両手挙げよ！」
みんなの動きがそろうことが楽しい運動です！

◯たこ上げ

対象 低・中学年
活動 イメージを広げる・即興的に表現する

凧になりきりイメージに合わせて動く。
「フワーッと高く」「右に左にゆらり，ゆらり」
「強い風でグーンと高く」「高くなったり，低くなったり」
「だんだん高く」「だんだん遠くへ」「ストン」

★ワンポイントアドバイス
凧のふわふわ浮いている感じを表現します。

成功のポイント
応用編として，
・2人組になり，凧を上げる人役と，凧役に分かれて体を動かす。
・合図とともに海の中の「タコ」に変わる。
などが考えられます。

●リーダーを探せ

対象 全学年
活動 リズムに合わせる

輪になって座る。
リーダーの動きに合わせて、膝を叩いたり、肩を叩いたりする。
誰がリーダーかを当てるゲームにしてもよい。

★ワンポイントアドバイス

体育のみならず、学級活動や休み時間、いろいろな時間にも活用できます！

成功のポイント

「みんなで先生に見破られないようにしよう！」とすると、子どもたちは必死になって動きを合わせ始めます。
体を大きく使った動きや、これまでにない動きが出たときは大いに称賛しましょう。

6 水泳領域

水泳領域は，低学年が「水遊び」，中学年が「浮く・泳ぐ運動」，高学年が「水泳」で構成されます。水の中で動き回ったり，水に浮いたり，もぐったり，心地よく泳いだりすることの楽しさや喜びを味わうことができる運動です。ここでは，水泳領域につながる準備運動を紹介します。

水泳の授業を成功させる！導入5分の組み立て方

水泳とは……

> **学習指導要領解説からポイントチェック**
>
> 水泳系の領域として，低学年を「水遊び」，中学年を「浮く・泳ぐ運動」，高学年を「水泳」で構成している。水遊びは，「水に慣れる遊び」「浮く・もぐる遊び」，浮く・泳ぐ運動は，「浮く運動」「泳ぐ運動」，水泳は，「クロール」「平泳ぎ」で内容を構成しています。水中を動き回ったり，もぐったり，浮いたりする心地よさを楽しんだり，仲間との競争やいろいろな課題に取り組むことで学習を進めながら，水に慣れ親しむことや浮いたり，泳いだりすることの楽しさや心地よさを味わうことができるようにすることができる運動です。また，心地よく泳いだり泳ぐ距離を伸ばしたりすることに楽しさや喜びを味わうことができる運動です。

組み立て方のポイント

水泳では，技能の差が歴然です。一人一人が自己の能力に応じて互いに協力して学習を進めながら，水泳の楽しさを味わうことができるようにすることが大切です。「水への恐怖心をなくすこと。呼吸の仕方を身につけること」が水泳での大きなハードルとなります。準備運動でも，まずは水の中で動くことの楽しさや泳ぐことの心地よさを存分に味わうことから始めましょう。そして，仲間といっしょに水中を移動したり潜ったりする中で，呼吸の仕方も身についていくように組み立てていきましょう。

第2章　領域別で選べる！導入5分の「準備運動」全部紹介！

動物進化じゃんけん

対象 低学年
活動 水に慣れる

①カニ（口まで水に沈めて息をはく。）
②タコ（手足をふにゃふにゃさせる。）
③トビウオ（水を叩いてジャンプする。）
④ヒト（水中で歩く。）

出会った動物とジャンケンをして，勝ったら①→④へとレベルアップする「進化じゃんけん」の要領で行う。「ヒト」は先生に名前を呼ばれたら，カニに戻る。

> ★ **ワンポイントアドバイス**
> 水の中で，いろいろな動物などの真似をしながら楽しく歩きます。

> **成功のポイント**
> 息をブクブクと水中でしっかりとはくことで，ジャンプと同時に息を自然と「すう」ことができます。「息をはくこと」で「すう」ことが楽にできるようになることをねらいとします。

電車ごっこ

対象 低学年
活動 水中での移動・バブリング

4人組（2人以上）で肩を持って連なり，前後，左右に移動する。
「1・2，1・2」とリズムをそろえて進む。

> ★ **ワンポイントアドバイス**
> 水の中でリズムをそろえて，息をすったりはいたりしながら進みます。

> **成功のポイント**
> 「1」のときに，水中でバブリングをし，「2」で息をすうようにしながら進んでいくと，水に顔をつけるのが苦手な児童も，みんなといっしょにバブリングをするタイミングをつかむことができます。前進だけでなく，後退や左右への移動も可能です。

花いちもんめ　水かけあいっこ

対象 全学年
活動 水に慣れる

①コースの線上に立ち，横一列が同じチームとなり，手をつなぐ。
②「かってうれしい花いちもんめ
　まけてくやしい花いちもんめ
　あの子がほしい　あの子じゃわからん
　そうだんしよう　そうしよう」
（あらかじめ決めておいた代表者がじゃんけんをする。）
　「じゃんけん　ぽん！」
③勝ったチームが10秒間水をかける。
　負けた方は水をかけられる。
→①〜③を繰り返す。

★ワンポイントアドバイス
水をすくったり，かけたりして，体や顔に水がかかることに少しずつ慣れていきます。

成功のポイント
ゴーグルをつけたままでもよいですが，水に慣れてきたら，ゴーグルなしでもできるようにしていきましょう。

手パシャリズム

対象 全学年
活動 水に慣れる

「1・2・3・4・5・6・7・8」のリズムに合わせて，「右・真ん中・左・真ん中・両手・真ん中・両手・真ん中」のひとまとまりの動きを覚える。指導者の声に合わせて，手を動かす。

★ワンポイントアドバイス
水を叩いたり，すくったりしながら，水に慣れていきます。

成功のポイント
手の動きを考えてみるのもよいでしょう。
その際，「指導者の真似をする→声に合わせて手を動かす→声と逆の動きをする」などの段階を設定します。課題の難易度を変えることで，楽しく意欲的に活動できるようにしましょう。

◯ だるま浮きおにごっこ

対象	全学年
活動	浮く

「だるま浮き」をしている間はおににタッチされない。

おにの目印として，おにが浮き具をつけるなど，区別がつくようにしてもよい。

タッチされたら，顔を5回洗うなど，ペナルティを与えて，復活できるルールを設定する。

成功のポイント

ふえおに，氷おになど，子どもが普段から親しんでいるものを取り入れてもよいですね。

すべての子どもたちに「だるま浮き」を経験させるために，教師が陸上から名前を呼んでアウトにさせる方法も盛り上がります。

★ワンポイントアドバイス

水中で素早く移動したり，向きを変えて移動したりすることを経験できます。

★ワンポイントアドバイス

「だるま浮き」をできるだけ長くすることにつながります。

◯ 大の字浮き

対象	全学年
活動	浮く

比較的，姿勢が保ちやすい体勢で，全身の力を抜いて大の字になって浮く。

片足を後ろに伸ばして浮かせてから，両腕・両足を広げる。

2人，3人，4人と人数を増やして手をつなぎながら行わせる。

★ワンポイントアドバイス

水泳の基本である「脱力して浮くこと」を楽しく行います。

〈変身浮き〉　〈グループで〉

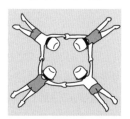

成功のポイント

「だるま浮き」から「大の字」や「ふし浮き」の姿勢に変身することもできます。

人数を増やして，一定時間内にグループで何秒浮くことができるかに挑戦すると，楽しみながら取り組むことができます。

●バブリング・ボビング シーソー

対象	全学年
活動	もぐる

2人組で，もぐる・息継ぎを交互に行う。
①2人組でA・Bの役割
　（どちらが先にもぐるかを決める。）
②A「1・2」もぐる 「3・4」立つ
　B「1・2」立つ 「3・4」もぐる
もぐる際には，「バブリング…口から息をはく・ボビング…鼻から息をはき出す」を行う。

《グループで》
「いち・にい・さーん」
とかけ声をかけ，
「さーん」で一斉にもぐることも
できる。

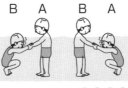

★ **ワンポイントアドバイス**

呼吸のタイミングをコントロールします。
同時に行ったり，タイミングをずらしたりします。

成功のポイント

グループやペアで行うことで，水中で息をはくことに対する抵抗感を減らすことをねらいとします。

●「大きく浮かぶよ」

対象	低学年
活動	もぐる・浮く

2グループに分かれ，歌を歌う。
①歌うときは顔を出して声を出す。
　後に歌うグループは水中で鼻から息をはく。
②最後はゆっくり大の字浮きをする。

「大きな　　（大きな）　　うただよ　　（うただよ）
　あの山の　（あの山の）　向こうから　（向こうから）
　聞こえて　（聞こえて）　くるだろう　（くるだろう）
　大きな《両手を大きく広げて浮く準備をする》
　うただよ《大の字浮きをする》」※最後の「大きな うただよ」を
　　　　　　　　　　　　　　　　　「大きく うかぶよ」と歌う。

大の字浮き
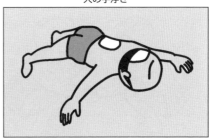

成功のポイント

「大きなうた」に合わせて，交代で顔を上げて歌うことによって，顔を上げたときに自然に息をはくことができるようにします。顔を上げたときには破裂音の方が発音しやすいので，「パパイヤ」「パイナップル」など，パのつく言葉を発してもよいです。

★ **ワンポイントアドバイス**

「ボビング」と「大の字浮き」を歌に合わせて楽しく行います。

第2章　領域別で選べる！ 導入5分の「準備運動」全部紹介！

◯ 床タッチ

対象	全学年
活動	もぐる

もぐって，体の一部でプール底にタッチする。手のひら，ひじ，胸，おなかなど，部位をテンポよく指示する。

子どもの集中力を高めるために，言葉で指示を出さず，体の部位を指で示すのもよい。

10秒間で，触ることができるか挑戦する。

★ワンポイントアドバイス

楽しみながら水中にもぐって，いろいろな体の部位を床につけることで，もぐることに親しみます。

成功のポイント

長くもぐらせるために，プールの床に「自分の名前をひらがなで」「あいうえお」などの課題を与えるのもよいでしょう。

短く切った「ホース」などを水中に投げ入れ拾う「宝探し」などに展開することもできます。

◯ 水中じゃんけん

対象	低学年
活動	もぐる

「せーの！」で，水の中に同時にもぐり，手の動きや口の動きで合わせてじゃんけんをする。

★ワンポイントアドバイス

水にもぐって目を開けたり，息をはいたりすることを楽しく行います。

成功のポイント

水中で「3回勝負」や「できるだけたくさんジャンケンをする」などの設定をすると，長くもぐっていられるようにさせることができます。

また，負けた子は「水をかけられる」「顔洗い5回」などの小さなペナルティを与えることで，じゃんけんのスリルを高めたり，水に慣れる機会を増やしたりすることができるでしょう。

● 吹き流し

対象	低学年
活動	浮く

○ペアになり，片方が脱力して浮く。
・足の親指をくっつけ，手の指は伸ばしたままにする。
・子どもの実態に応じて，顔を上げたり，顔をつけたりする。
○もう片方は手を持ち，真っ直ぐに引っ張る。
・やさしく手のひらで支え，進む感じを味わえるように，ある程度速さを出しながら引っ張る。

成功のポイント
足を地面から離して，体を水平にすることに恐怖感をいだく児童には，壁や肩を持って足を離すことができるようにし，次第に顔をつけて脱力することができるようにするとよいです。
引っ張る側が，「フワァー」「シューッ」などの口伴奏を唱えるのもよいです。

★ワンポイントアドバイス
力をぬいて，水面をシューッと進む感じを楽しみます。

●「ももの名産地」

対象	低・中学年
活動	手の動き

「友だ<u>ち</u>が できた すいかのめいさんち
　なか<u>よ</u>しこよ<u>し</u> すいかのめいさんち
　すいかのめいさんち すて<u>き</u>なところ<u>よ</u>
　きれいな<u>あ</u>のこの晴れすが<u>た</u>
　すいかのめいさんち」 ※「すいか」を「もも」に替えて歌う。

①下線部のところは平泳ぎの手のかきの動きをする。
　その他の部分はクロールの手のプルの動き（2回）をする。
②□のところでクロールの手を合わせるタイミングをそろえる。

★ワンポイントアドバイス
ウォーミングアップをかねて，陸上で手の動きをします。

ももの　めいさん　ちー
のびる　かく　のびる

成功のポイント
よく知られている「すいかの名産地」の歌に合わせて，プルの動きを練習します。平泳ぎのプルの動きが「桃」の形のように見えるので，「桃の名産地」と歌詞を替えて行えるようにしました。また，両手が合わさってから次の腕を回す，ということを体で覚えられるように，「友だちができた」「なかよしこよし」という言葉のイメージと関連づけています。

手つなぎバタ足

対象	中学年
活動	ばた足

2人組や3人組，4人組などのグループで，手をつないでバタ足をする。
「○秒でそろって顔を上げよう！」と言って息継ぎのタイミングを合わせることを課題にする。
「スピードを合わせる」ことを課題にする。

★ワンポイントアドバイス
ばた足泳ぎで呼吸をしながら進むことがねらいです。

成功のポイント
手をつないでのペア，グループ活動は，相手の動きを意識した活動であると同時に，相手によって動きが制限されるという変化を生み出すことができます。
制限のある動きを経験することも，より精錬された動きの獲得へとつなげることができます。

ハローバイバイ

対象	中学年
活動	足の動き

① 「ハロー」で親指をくっつける。
② 「バイバイ」で，親指がすねの方向に向くようにする。

★ワンポイントアドバイス
言葉に合わせて足首を柔らかく動かして，平泳ぎの足の動きを覚えます。

ハロー 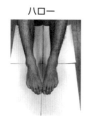　バイバイ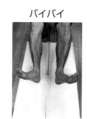

成功のポイント
子どもたちの中には，すねの辺りの筋肉で足を引き上げづらい子や，足首が硬い子がいます。水中に入る前に「ハローバイバイ」を行うことで，筋力や柔軟性の強化を行うことができます。ただし，トレーニング的に行うのではなく，楽しい雰囲気で子どもたちをほめてのせながら行うことが大切です。
※応用編で，うつぶせで行い，ペアで見合うのもよいです。

ビート板押し競争

対象	中学年
活動	ばた足

太ももで水を叩くイメージをもたせる。「どちらがよく押せるかな？」とゲーム形式にすることで，子どもが意欲的に取り組めるようにする。

ワンポイントアドバイス

補助具につかまり，ももの付け根からばた足をさせるようにします。

成功のポイント

ビート板押し競争の前に，ペアで壁を持ってバタ足を見合う活動を入れるのもよいです。その際，片手は上向き，片手は下向きに壁を押さえると安定します。
見合う活動の際には，膝が曲がりすぎていないかをチェックさせたり，ビート板押し競争の審判をさせたりします。

かきくけりー体操

対象	中学年
活動	平泳ぎ

「かきくけりーでのーびのび」の合い言葉に合わせて陸上で体を動かす。

ワンポイントアドバイス

平泳ぎの，手・呼吸・足のリズムをつかむために，まずは陸上で行ってからイメージをもたせます。

手のかき→くち（顔を上げる）
しゃがんで足のけり→けのび

かき　　く　　けりー　で　のーびのび

成功のポイント

水の中で行わせるときには，はじめは１回の合い言葉が終わったら立つようにさせて，あわてずにリラックスさせて水中を浮かんでいくイメージをもたせることが大切です。

● ロケットジャンプ

対象 全学年
活動 もぐる

もぐる→空に向かって発射する。

〈バリエーション〉
列ごとに発射して，最後は全員で発射する。
シンクロ（ペア・グループで同時に行う。）
シーソー（ペアで，交互に行う。）
全員一斉に３秒カウントダウン形式
（指導者の秒読みに合わせて発射する。）
全員一斉に10秒そろえられるかな？
（水の中で各自で秒数を数えて発射する。）

> ★ワンポイントアドバイス
>
> 水にもぐる遊びの１つです。水面をつきやぶるような感覚は，けのびにもつながっていきます。

> 成功のポイント
>
> 単純な動きであっても，ペアやグループ，一斉で，「そろえる」「ずらす」といった課題を設定することで，子どもたちの意欲と達成感につなげていくことができます。

● シンクロクロール，シンクロ平泳ぎ

対象 高学年
活動 クロール・平泳ぎ

２人組や３人組，４人組などのグループで，動きや呼吸のタイミングを合わせて，クロールや平泳ぎをする。

> ★ワンポイントアドバイス
>
> 「シンクロ」という課題に向かって，意欲的に泳ぐことをねらいにしています。

> 成功のポイント
>
> シンクロのペア，グループ活動は，相手の動きを意識した活動です。導入の泳ぎのバリエーションの１つとして，シンクロを取り入れることで，単調になりがちな泳ぎのメニューに変化を与えます。そして，より精錬された動きの獲得へとつなげることができます。

● イルカの調教師

対象 全学年
活動 もぐる

２人組で向かい合いじゃんけんをする。
勝った方は，「ピーヒョロピ！」の合図で，
左右どちらかを指差す。
「ピーヒョロ」＝笛を吹く真似をする。
「ピ！」＝指を差す。
負けた方は，指で示された方へ横向きに
ジャンプ（ダイビング）する。

> ★ **ワンポイントアドバイス**
> 遊びのかけ声がジャンプのきっかけとなるので，水への抵抗感が減少します。

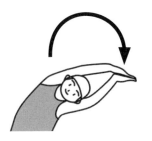

> **成功のポイント**
> 「水にもぐる」という活動に，少しゲーム性をもたせることで，子どもたちが楽しみながら取り組めるようになります。
> 「ピ！ピ！ピ！」と３回鳴らすと，３回ジャンプなどとしてもおもしろいです。

● イルカの柵越え

対象 全学年
活動 もぐる

「イルカ」役…イルカジャンプで飛び越す。
「柵」役…手を大きく広げる。
相手の手に当たらないように「イルカ」が
「イルカジャンプ」で飛び越える。
両足がついたら役割を交代し，「柵」をした児童が「イルカ」になり飛び越える。
「馬跳び」の要領で，進行方向に進んでいく。
30秒以内で，できるだけ遠くに進むことをめざす。

> ★ **ワンポイントアドバイス**
> 仲間の手に当たらないようにすることで，しなやかな体の動きを導きます。

> **成功のポイント**
> 応用編として，「手を広げた下」や「足下」をくぐりぬけるようにし，深くまでもぐることができるようにしていくこともできます。
> 体を動かす部位を順に変えながら，しなやかなイメージをもって動くことを大切にして指導します。

本当の学級開き

　初めて受け持った6年生。教師のきばりが出てしまっていたのか，子どもの特性か……。教室はシーンと静まり返り，緊張感が漂っており，子どもも教師も居心地の悪いものだった。

　体育の授業開き。「今日はさ，難しいことなんて考えずおにごっこをしよう！」と教師が盛り上げても，カチコチの雰囲気は相変わらず。「え……」という微妙な子どもの反応。"体を動かせば，雰囲気ががらりと変わる"そう期待した自分が恥ずかしくなり……そんなときだった。「じゃあ俺がおにをやる！1，2，3……」と突然1人の男の子が数え始めた。自分の意図とは違うタイミングで違うおにごっこが始まった。頭が混乱している中，取り組んでいる子どもたちをボーッと見ていると，「キャー！」「こっちに来ないでー！」と思いの外，楽しんでいる子どもたちがそこにはいた。ラインおに，手つなぎおに，三角おに……かかわる仲間が増えていくと，「作戦タイムちょうだい！」と楽しい中にも，チームで考える真剣な姿も垣間見えたりする。終了後，「楽しかった！　またやろう！」授業前の重い雰囲気は何だったのかと言わんばかりの大盛り上がり。これがきっかけとなり，学級の雰囲気が一気に温かい，いや熱いものへと変貌を遂げた。たかだか体育の授業開きの1時間であったが，あの1時間が本当の意味での学級開きの1時間だったのかもしれない。

第3章
いろいろな場面で使える！とっておきの5分ネタ

ともに体を動かすことで，心が温かくなります。心がつながります。人と人のつながりをつくることができます。ここでは体育の授業のみならず，様々な場面で行える運動を紹介します。

いろいろな場面を盛り上げるコツ！

 こんな場面で……

ともに体を動かすことは体育の時間に限ったものではありません。
休み時間，学級活動，親子の親睦行事，ペア学年行事……。
いろいろな場面で取り入れることで，仲間とのつながり，先生とのつながり，親子のつながり，異学年とのつながり……など多くのつながりを生み出すことができます。
場面に応じた運動を取り入れることで，たくさんの笑顔を生み出しましょう！

 組み立て方のポイント

○ルールを明確に示すようにしましょう。参加メンバーや場面に応じたルールを設定します。このルールが曖昧だと，トラブルが起こる元になります。異学年ならば，少し小さい子どもたちが優位になるルールにすることもあるでしょう。みんなが楽しめるように工夫します。

○安全面の配慮は何よりも気を配りましょう。体力差がある場合や，日頃運動されていない保護者の方が参加する場合などは特に注意しなくてはいけません。

○勝ち負けがある運動だと，子どもたちはどんどん熱くなります。判定が微妙なときの解決方法や譲り合うことなど，みんなが気持ちよく遊べるマナー面の指導もしっかり押さえておきます。

○何より，楽しい明るい雰囲気をつくり出すことが大切です。そのために教師のかかわりは欠かせません。いっしょに参加するのもよし。大きな声で盛り上げるもよし。みんなが笑顔になれる演出をしましょう。

指バトンリレー

対象 中・高学年
活動 学級活動など

人差し指だけを使って2人でバトンを支え合う。
2列に並んでバトンを送っていく。チームで競争するのもよい。
新聞紙を丸めたものなど，違うものでも代替可能。

ワンポイントアドバイス
バトンパスのときのハラハラドキドキ！ 互いの力を感じ合い，協力する楽しさが生まれます。

成功のポイント
応用編として，ゴールまでの距離を長くしたり，バトンの位置を腰より低くしたりすると，難易度が高くなり，より盛り上がります。
バトンを渡すときに，チーム内で声をかけ合う雰囲気が生まれ，チームの団結力が高まります。

マットでお好み焼き

対象 中・高学年
活動 お楽しみ会・親子活動など

1枚のマットの上に2～5人程度乗る。
床に手や足をつけないようにマットを裏返し，床や地面に手や足がついてしまった場合は，はじめからやり直す。
マットが裏返ったら課題達成！

ワンポイントアドバイス
「ゆっくり！」「せーの！」など，友達と声をかけ合い，協力する姿勢が生み出されます。

成功のポイント
応用編として，マットを小さくしたり，人数を増やしたりして難易度を高めると一層盛り上がります。
※運動場マットやビニールシートなどを使うと，達成しやすくなります。

● 動物ビンゴ

対象	低・中学年
活動	学級活動・親子活動など

指導者「いっせいのーで」
子ども「ニャー！」
　　　「ぴょん！」
　　　「ウキー！」

★ ワンポイントアドバイス
仲間の考えていることを想像し合います。そろうと笑顔が広がります。

子どもが自分の好きな動物を選んで様子を体で表す。同じ動物を選んだ人は仲間になる。仲間になったら，グループで相談してどのポーズをするか考える。クラス全員が同じポーズをすると成功！
小グループから始め，クラス全体に広げると，よりクラスの一体感が高まる。

成功のポイント
応用編として，動物の数を増やしたり，子どもたちがポーズを考えたりするのもよいですね。

● チームじゃんけん

対象	低学年
活動	学年行事など

４～５人が１チームとなり，手をつないで「グー」「チョキ」「パー」の形を表す。
負けたチームは，勝ったチームの後ろに並ぶ。
最後まで残ったチームの勝利！

★ ワンポイントアドバイス
次に何を出すのか，必然的にチームで相談する場面が生まれます。

「グー」　　　　　　　「チョキ」　　　　　　　「パー」

成功のポイント
学年のような大きな集団で行うことも可能です。
あいこだと，互いにハイタッチといったルールも盛り上がります。

人間知恵の輪

対象 中・高学年
活動 学級活動・学年開きなど

内側を向いて円をつくり，両隣の人と手をつなぐ。
全員が外向きの円をつくる。
全員が外側を向いている状態で，自分の前で腕をクロスした状態の円をつくる。
手を離さずに，クロスをほどいて円をつくれたら課題達成！

ワンポイントアドバイス
ワイワイと互いに声をかけ合う姿が自然と生まれます！

成功のポイント
外側や内側に入れ替えをする中で，腕がねじれてしまうことがありますが，その場合は，手を離さないようにして組み替えると，課題達成に近づきます。
応用編として，3つの円の順番を変更したり，時間を計って班で競い合ったりすることもできます。

おしりんリレー

対象 低・中学年
活動 親子活動・学級活動など

5～6人で1列に並んで，前の人を挟むように膝を立てて座る。
後ろに並んでいる人の足首をつかみ，協力して前進する。
仲間と声を合わせたり，動きのタイミングを合わせたりして，協力することが必要となる。

ワンポイントアドバイス
競争することで盛り上がり，うまく前に進むために自然とかかわり合いが生まれます。

成功のポイント
〈2人組バージョン〉
お互いに向き合い，もう1人の足を挟むように膝を立てて座ります。
お互いの肘あたりをしっかりとつかんで移動することができます。

第3章　いろいろな場面で使える！とっておきの5分ネタ

縄ボール運びリレー

対象 高学年
活動 親子活動・学級活動など

4人で4本の縄を使ってボールを運ぶ。
縄とボールをバトンの代わりにして，リレーを行う。
縄を持っている人はボールに触ることができない。

ワンポイントアドバイス

縄がたるむとボールが落ちてしまいます。
ペアで互いの動きを合わせるのがポイントです。

成功のポイント

応用編として，縄の使い方を子どもたちに考えさせたり，縄の本数を増やしたり，ボールの重さや大きさを変えることもよいですね。

整列ゲーム

対象 全学年
活動 学年開き・休み明けなど

体育の授業はじめ，「前へならえ！」のかけ声を聞いて子どもたちが整列する。
タイムを計ったり，カウントダウンをしたり，子どもたちを休み時間から授業モードへ変える。
様々なバリエーションが考えられる。

列数：1列，2列，4列
方法：子どもたちに目をつぶらせて，担任が移動したところに整列。遠いところにタッチして戻ってきてから整列。一度大きく広がってから整列。
基準：名前順，背の順，誕生日月順，誕生日の日付順，名前の画数順。

ワンポイントアドバイス

意識せずに当たり前に行われていることを，楽しくやることでムードを切り替えます。

成功のポイント

応用編として，いつも前からだけでなく，後ろから整列，横向きに整列，目印（先生のいるところ）がちょうど真ん中になるように整列，などが考えられます。

●壁登り

対象 低・中学年
活動 学年開き・学級活動など

下の写真のように跳び箱を用意し，手をつないだまま跳び箱を越えていく。チームで協力して課題をクリアする。学年に応じて，段数や跳び箱の数を変える。

ワンポイントアドバイス
壁を乗り越えるためには，みんなで協力することが必然となります！

成功のポイント
応用編として，跳び箱の高さを高くしたり，チームが円のように手をつないだりすることが考えられます。
また，高跳び用のバーを使用し，落とさないようにバーを乗り越えるなども考えられます。

●目隠しキャッチ

対象 中・高学年
活動 休み時間・学級活動など

5〜6人のグループに分けて行う。
下の写真のように，赤白帽子を正面でかぶって前が見えないようにする。
目隠しの状態でボールを回す。
1チーム何人かのお助けマンが，目隠しされた仲間を動かしたり，指示を出したりして助ける。
目隠しした人全員にボールが落ちずに回れば達成！

ワンポイントアドバイス
目隠ししている分，ドキドキ感が増します。
自然に声をかけ合い，盛り上がります！

成功のポイント
応用編として，人と人の距離を遠くしたり，人の数を増やしたり，チームごとに競い合ったりすることも考えられます。

◯「1，2，せーの！」

対象 全学年
活動 学級活動など

1人に1本の棒（1m程度）を持ち，2人組をつくって距離をとって向かい合う。
「1，2，せーの！」のかけ声とともに自分の持った棒を放し，相手の棒を取りに行く。
お互いに相手の棒が倒れるまでに取ることができれば成功！

★ ワンポイントアドバイス
仲間と動きを合わせることが，楽しさ，一体感につながります！

成功のポイント
人数を4人→8人→16人と増やしていき，最後は輪になってクラス全員ですると盛り上がります。
生活班や体育のチームで行ったり，男子グループ・女子グループに分かれたりするなどすると，グループの一体感を高めるためにも有効です。

◯ ブーメランリレー

対象 全学年
活動 休み時間・親子活動など

同じ人数の2グループを，下図のように手をつないで横1列に並べる。
真ん中に近い子どもから味方グループの列と相手グループ列の周りを走り，帰ってきたら次にタッチしていく。
相手より先に全員が走りきった方が勝ち。

★ ワンポイントアドバイス
味方と相手の動きを見ながら，仲間と動きを合わせることが必要となります。

成功のポイント
味方が走ってくるときには，つないだ手を縮めて味方の列を短くし，見方が走る距離を短くします。相手が走ってくるときには，つないだ手を伸ばして味方の列を長くし，相手の走る距離を長くします。

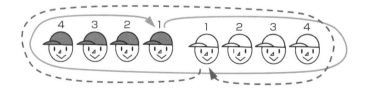

バナナおに

対象 全学年
活動 学級活動・休み時間など

こおりおにを基にしたおにごっこ。
捕まった人はその場で両腕を上に伸ばしてバナナの形をつくって止まる。
味方にタッチされたら，片腕を下げる。もう一度タッチされたらもう片方の腕を下げる。
3回目にタッチされたら，復活できる。
連続でタッチして味方を助けることはできない。
終了時に味方が多く残っているチームの勝ち。

ワンポイントアドバイス
相手から逃げながら味方を助けるスリルが楽しい！

田んぼおに

対象 全学年
活動 学級活動・休み時間など

下図のように，四角形の安全地帯を4つ描く。
おに以外の子ども（白帽子）は，おに（色帽子）にタッチされずに5回連続で安全地帯を行き来できたらあがり！ 最後までおにで残った人の負け。
おには安全地帯には入れない。
安全地帯にいる子どもをおにはタッチできない。
おににタッチされたら交代。

成功のポイント
時間がないときは，フラフープなどで安全地帯を簡単につくれます。応用編として，
・安全地帯に入れる人数を限定する。
・安全地帯を狭くして，おにが手を伸ばして外からもタッチできるようにする。
などが考えられます。

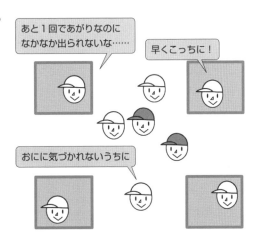

● 医者ドッジ

対象 中・高学年
活動 休み時間・学級活動など

2チームに分かれてのボール当ておにごっこ。
チームの中で「王様」と「医者」を各1人ずつ決める。
各チームにボールを1つずつ渡す。
相手チームに当てられたら，その場で止まる。
「医者」にタッチされたら，生き返る（再び動く）ことができる。
相手チームの「王様」を当てるか，終わったときに生き残った人数が多いチームの勝ち。

★ ワンポイントアドバイス
復活できることで，最後までみんな楽しく遊べます。

成功のポイント
ボールを増やしたり，医者の人数を増やしたりしてもおもしろいです。
医者役は，運動が苦手な子どもや普段目立たない子どもなどがすると，一躍ヒーローにもなれるチャンスです！

● ボールおに

対象 中・高学年
活動 休み時間・学級活動など

ボール操作が苦手な子どもも楽しめるボール当ておにごっこ。
はじめにボールを持つおにを2～3人決める。
ボールをキャッチしたり，転がったりしているボールを取るとおにになる。
おにはそれ以外の人を当てに行き，当てられた人は牢屋に入る。
そのとき，誰に当てられたかを覚えておく。
牢屋に入っている人は，自分を当てた人が当たったら復活できる。

★ ワンポイントアドバイス
はらはらどきどき！
みんなで盛り上がることができます。

成功のポイント
体育館ですると，壁でボールが跳ね返るので，誰もがおにになるチャンスがあります。
意外な子どもが活躍することも！
一番早く5人当てたら勝ち！など，工夫しても楽しいです。

7ボール

対象 中・高学年
活動 学級活動など

時間内に自分のフープにできるだけ多くのボールを集めたチームの勝ち。
下図のように4チームに分かれる。
真ん中のフープに7つのボールを置く。
スタートしたら，各チームの1人目は，真ん中にボールを取りに行く。
（1回につき1つだけ。）
ボールを取ったら，自陣まで戻って，フープにボールを入れる。
ボールを入れたら，次の人がスタートする。
必ず，ボールを持ち帰らないと次の人はスタートできない。
2人目以降はどこのボールを取りに行ってもよい。
相手が自陣のボールを取りに来ても，邪魔はできない。

成功のポイント

応用編として，ボールを取って帰ってくるときは，投げる，ドリブルするなどすると，ボール運動の準備運動にもなります。
また，3こ先に集めたら勝ち！やボールを変えるなど，工夫してもおもしろいです。

ワンポイントアドバイス

状況に応じた判断が勝敗を左右します！
自然と仲間へのアドバイスの声が響き渡ります！

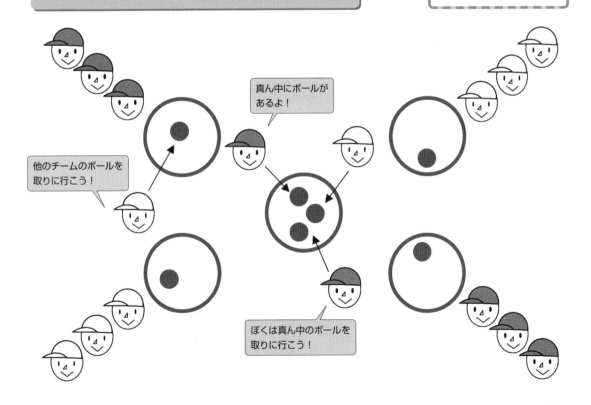

第3章　いろいろな場面で使える！とっておきの5分ネタ

マット引き

対象 中・高学年
活動 学級活動・親子活動など

・運動会でおなじみの「棒引き」のマットを使ったゲーム。自陣により多くのマットを運んだチームの勝ち。
・2チームに分かれる。
・スタートしたら中央のマットを取りに行く。
・マットに載ってはいけない。
・スタートラインまでマットの端を運んだら得点になる。

成功のポイント

マットの数を奇数にすると，勝敗がはっきりします。
最後のマットはチーム全員での取り合いになるので，時間制にしてもよいです。
マットの色や大きさで得点を変えてもおもしろいです。（例えば，長マットは2点，その他は1点など。）

★ワンポイントアドバイス

チームで考える作戦や状況に応じた判断が勝敗を左右します！

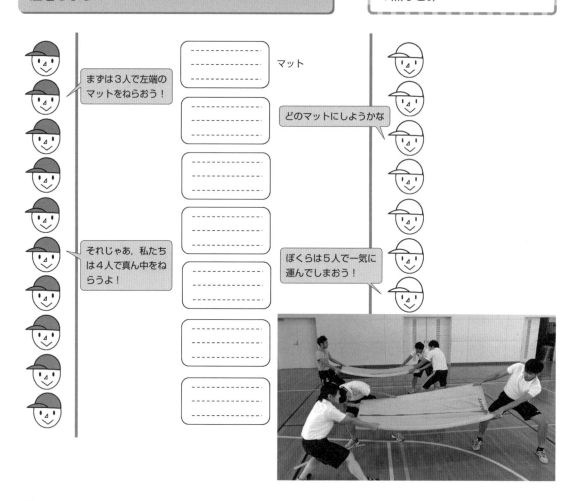

まずは3人で左端のマットをねらおう！

マット

どのマットにしようかな

それじゃあ，私たちは4人で真ん中をねらうよ！

ぼくらは5人で一気に運んでしまおう！

◯挟みボール落とし

対象 中・高学年
活動 学級活動など

円などを描き，中と外の2チームに分かれる。
中にいる人は，足にボールを挟む。外から転がしてくるボールに当たったり，挟んでいるボールを落としてしまったりしたらアウト。
制限時間で中と外と交代。

★**ワンポイントアドバイス**
挟んでいるボール。転がってくるボール。2つを気にしないといけません。

成功のポイント
1人だけ王様を決めて，王様がアウトになったら負けというルールにもできます。
中の人が手でふさぐ（受ける）のをありにしてもおもしろくなります。

◯キックドッジボール

対象 全学年
活動 学級活動・休み時間など

ドッジボールを投げる代わりに蹴る。
足の裏で止めることができればキャッチとする。
友達（親子活動なら親子）と手をつないだままで行うというルールにしても盛り上がる。

★**ワンポイントアドバイス**
スリル満点！
飛んでくるボールをよけることを楽しみます。

成功のポイント
だんだん脚力もついてくると危険も増します。ビーチボールや紙を丸めたものを利用するのもいいですね。
低学年だと，2チームに分かれ，中あてにするとルールもわかりやすくなります。

第3章　いろいろな場面で使える！とっておきの5分ネタ

◯ 取り合いドッジボール

対象　全学年
活動　学級活動・親子活動など

2チームに分かれてドッジボールをする。
ただし外野はいない。外野まで飛んでいった
ボールは近い方のチームからのボール。
当てられた人は，相手チームに移動する。
制限時間後，人数の多い方のチームの勝ち。

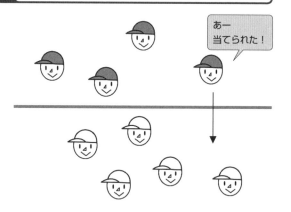

★ワンポイントアドバイス
常に内野にいるので，外野に出て，ぼーっとしている時間がなくなります！

成功のポイント
応用編として，ボールの数を増やす，移動できるのは◯回まで（帽子などで移動できないことを示す）と決めると，戦略も変わります。

◯ 復活ドッジボール

対象　全学年
活動　学級活動・親子活動など

2チームに分かれてドッジボールをする。
外野は最初に決めておく。
ただし，当てられたら，外野に出るのではなく，決められたエリアに閉じ込められる。
同じチームの人が相手のボールを受けるか，相手を当てたら，1人ずつ順に復活できる。
制限時間後，人数の多い方のチームの勝ち。

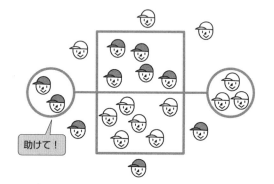

★ワンポイントアドバイス
ボールを受けたり，相手を当てたりすると，一躍ヒーローです！
仲間への声援が広がります。

成功のポイント
男女の技能の差が大きい場合は，「女子が受けたり，当てたりしたら全員復活」といったルールにすると，女子が活躍する場が広がります。
実情に応じたルール変更ができます。

○なかよしサッカー

対象	低・中学年
活動	異学年活動・学級活動など

2人1組になり，手をつなぐ。その手をつないだままでサッカーをする。
人数やコートやゴールなどは実情に合わせて工夫する。

★ワンポイントアドバイス
みんなが和気あいあいとサッカーを楽しむことができます。

成功のポイント
親子活動で行ったり，ペア学年で行ったりできます。結びつきが生まれます。
ボールの数を増やす，手をつなぐ人数を増やす，といった変更も可能です。

○かつぎリレー

対象	全学年
活動	学年活動・学級活動など

下の写真のように，1人をみんなで目的地まで運んでいく。
下の人は2人1組で手を握り合って運ぶ。
クラス全員で1人を運ぶなど，クラス対抗にしても盛り上がる。

★ワンポイントアドバイス
みんなで協力することが必須！
一体感が生まれます！

成功のポイント
マットを敷く，ヘルメットをかぶるなど，安全面には十分に気をつけて実施しましょう。
互いに声をかけ合うことが大切です。

●たから取り

対象 高学年
活動 休み時間・学級活動など

2チームに分かれる。
相手の宝物を自分の陣地に持ち帰ってくれば勝利。
相手に背中を3回連続でタッチされたら、その場で氷になり動けなくなる。
同じチームの仲間からタッチされたら、復活できる。(復活後は、手をつないで、自チームの陣地まで戻らないといけない。)
宝はパスできない。1人で持ち帰る。持ち帰る途中にタッチされたら、宝は元に返す。

★ワンポイントアドバイス
作戦が大切になります。
また、助け合う行動もあり、同じチームで仲間意識が生まれます!

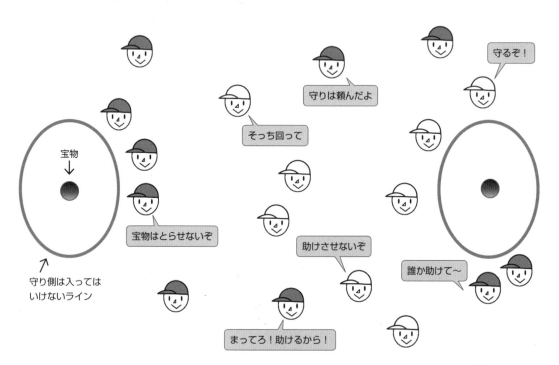